금관의 역사

지중해에서 한반도까지

금관의 역사
지중해에서 한반도까지

2019년 10월 15일 초판 1쇄 발행

글 · 사진 | 김문환

펴낸이 | 권이지
디자인 | 이선화

제　작 | 타라TPS

펴낸곳 | 홀리데이북스
등　록 | 2014년 11월 20일 제2014-000092호
주　소 | 서울시 금천구 가산동 371-28 우림라이온스밸리 B동 712호
전　화 | 02-2026-0545
팩　스 | 02-2026-0547
E-mail | editor@holidaybooks.co.kr

ISBN 979-11-967709-2-1 03900

협의에 따라 인지를 붙이지 않습니다.

책값은 뒷표지에 있습니다.
잘못된 책은 바꾸어 드립니다.

이 도서의 국립중앙도서관 출판예정도서목록(CIP)은 서지정보유통지원시스템 홈
페이지(http://seoji.nl.go.kr)와 국가자료종합목록시스템(http://www.nl.go.kr/
kolisnet)에서 이용하실 수 있습니다. (CIP제어번호 : CIP2019038751)

금관의 역사

지중해에서 한반도까지

글·사진
김문환

홀리데이북스

목 차

제3부 l 그리스 로마의 금관

제4부 l 신화와 금관의 기원

서문

서 문

경주 황남대총 사슴뿔 장식 신라 금관

한국 역사유물의 정수를 전시중인 서울 국립중앙박물관 1층 신라 전시실로 가자. 국보 191호 27.5㎝ 높이 금관이 찬란하게 빛난다. 금관의 구조를

황남대총 출토 금관. 5~6세기 추정. 국립중앙박물관. ⓒ김문환

찬찬히 뜯어보자. 원형 관테 위에 사슴뿔 장식 2개가 우뚝 솟았다. 사슴뿔 사이로 '출(出)'자를 닮은 나뭇가지 장식 3개가 놓였다. 국내에서 가장 큰 무덤, 지름 120m의 황남대총에서 출토된 이 금관 말고도 경주에서 출토된 신라 금관은 6개다. 디자인이 똑같다. 사슴뿔 2개와 '출(出)'자를 닮은 나뭇가지 장식 3개를 세웠다. 유라시아 대부분 지역 무덤 부장품은 당대 유행하던 물품과 풍습을 담는다. 사슴과 나무를 모티프로 삼은 금관은 한반도의 농경문화라기보다 기마민족의 수렵문화에 가깝다.

만주 태왕릉 고깔 모양 고구려 금동관

만주 집안으로 가보자. 고구려 장수왕이 427년 평양으로 이전할 때까지 고구려 수도다. 고구려 특유의 적석총 고분군과 국내성, 환도산성, 광개토대왕 비석 등의 유적과 유물이 남은 고구려 역사의 살아 있는 백과사전이다. 집안 박물관은 화려한 고구려 금유물로 이름 높다. 황금 유물 하면 흔히 신라를 떠올리지만, 고구려 황금 문화가 오히려 신라에 영향을 준다.

금관도 있을까? 금으로 만든 관 테 즉 대륜과 뚜렷한 외형을 갖춘 금동관이 남아 있다. 금동관은 태왕릉 주변에서 출토됐다. 집안 태왕릉은 한때 광개토대왕(재위 391년~413년)릉이라는 설이 있었지만, 지금은 할아버지 고국원왕(재위 331년~371년)릉으로 인정되는 추세다. 태왕릉 부장곽인지 혹은 다른 적석총에서 옮겨진 것인지 불확실하지만, 4~5세기 고구려 금동관이 길쭉한 고깔을 닮은 사실은 변하지 않는다. 고깔모자는 서역에서 널리 쓰였다.

집안 태왕릉 주변 출토 금동관. 4~5세기 추정. 집안 박물관. ⓒ김문환

몽골 초원 선비족 사슴뿔 금 머리장식

북경 천안문광장으로 무대를 옮겨보자. 광장 동쪽으로 자금성, 서쪽으로 국가박물관이 위용을 뽐낸다. 한족 뿐 아니라 중국 땅에서 명멸했던 여러 민족의 역사가 응축된 동양문명의 보고(寶庫)다. 남북조시대(420년~589년) 한족을 양자강 유역으로 몰아내고 중원을 장악한 민족은 선비족이다. 선비족의 나라 북위(北魏)시절 황금유물이 관심을 모은다. 사슴뿔과 잎이 달린 나뭇가지를 소재로 한 여인용 머리장식에 눈길이 꽂힌다. 사슴뿔과 나뭇가지는 신라 금관의 모티프라는 점에서 의미심장하다. 선비족의 '선비'라는 말 자체가 '사슴'이라는 의미다. 기마민족이 활동하는 내몽골 초원지대에서 출토됐다.

선비족 사슴뿔 머리장식. 내몽골 초원출토. 5세기. 북위. 북경 국가 박물관. ©김문환

몽골 초원 훈(흉노)족 새장식 보석 금관

　초원의 중심도시 호화호특 내몽골 박물원으로 가보자. 선비족의 사슴뿔 머리장식 외에 새를 모티프로 한 화려한 금관이 기다린다. 황금으로 만든 원형 테두리 위에 장식으로 올라앉은 새를 보자. 매(鷹, 웅)라고 현지 설명문에 적혔다. 샛노란 금 테두리 위에 푸르게 빛나는 옥(비취) 매. 강렬한 색대비가 탐방객의 감탄을 절로 자아낸다. 발부터 날개와 몸체는 금, 얼굴과 부리는 옥으로 만들었다. 날카롭게 앞을 응시하는 눈에는 금을 넣었다. 이 멋진 색대비의 매 금관은 누가 만든 것일까? 선비족에 앞서 몽골초원을 주름잡던 기마민족의 대명사 훈(흉노)족이다. 신라 6개 금관 가운데 서봉총 금관은 나뭇가지에 봉황새, 일본에서 유일하게 출토된 후지노키 고분 금동관은

훈족 매 소재 금관. 전국시대 기원전 5세기~기원전 3세기. 호화호특 내몽골 박물원. ⓒ김문환

여러 마리 새 장식을 달았다. 훈족은 어디서 금관문화를 익혔을까?

중앙아시아 스키타이의 관모 금 사슴뿔 장식

몽골초원에서 중앙아시아 초원지대로 무대를 옮기자. 카자흐스탄 최대 경제도시 알마티 근교 이식 쿠르간(kurgan)으로 간다. 깜짝 놀란다. 경주 대릉원, 공주 송산리와 부여 능산리의 백제 고분, 나주의 마한 고분, 고령이나 함안 등지의 가야고분에 가본 적이 있다면 말이다. 둥글게 생긴 거대한 고분이 집단을 이룬다. '쿠르간'이라는 말 자체가 땅 위로 솟은 봉분무덤을 가리킨다. 흑해와 중앙아시아 전역 초원지대에서 사용하는 용어다. 이식 쿠르간

카자흐스탄 이식쿠르간 출토 황금인간의 뿔 달린 그리핀 장식. 기원전 5세기~기원전 4세기. 카자흐스탄 이식쿠르간 박물관. ⓒ김문환

의 무덤 생김새보다 여기서 출토된 막대한 양의 황금 유물, 무엇보다 관모 금 뿔 장식과 솟대 형태의 금 장식이 눈길을 끈다. 기원전 5세기 에서 기원전 4세기 사카 족 유물로 밝혀졌다. 사카는 동서양을 오간 기마민족 스키타이가 이동해와 현지화한 부족을 가리킨다.

금관은 초원지대, 남성, 권력 상징?

그동안 금관은 여기까지 주목했다. 한양대 김병모 명예교수의 『금관의 비밀(1998년 푸른 역사, 개정판 2012년 고려문화재연구원), 상명대 박선희 교수의 『우리금관의 역사를 밝힌다(2008, 지식산업사)』나, 『고구려 금관의 정치사(2013, 경인문화사)』등이 대표적이다. 이 탁월한 저작들은 신라나 고구려 금관의 특징을 세부적으로 잘 파고들며 금관의 정치사회적 맥락을 잘 드러내 줬다. 또 남성 중심의 신권이나 왕권을 상징하는 즉, 권력중심으로 금관을 분석해 냈다. 아울러, 중앙아시아와 시베리아의 스키타이, 박트리아(월지), 훈(흉노), 선비, 한국을 연결하는 초원의 길 코스의 금관(금동관)이나 관모 금장식도 집중 조명했다. 바이칼호 주변 퉁구스 계열 제부족의 샤먼 관이나 민속관도 덧붙는다.

필자는 3가지 측면에서 더 생각해볼 여지를 느꼈다. 먼저, 화려한 장식문화의 상징인 금관의 기원이 어디일까… 고구려나 신라보다 시기적으로 앞선 초원은 수렵이나 목축에 의존하며 춥고 척박하다. 중간 전파는 몰라도 세련된 문화를 자체적으로 꽃피울 수 있을지에 의문이 들었다. 둘째 신라나 고구려 금관이 세계금관의 중심일까? 금관도 문화이고 문화는 창조와 전파, 재창조의 보편적 과정을 밟는데, 이 관점에서 우리 금관이 일단 시기적으로 발전단계의 후기에 속한다.

세 번째, 그리스 로마 금관은 여성이 더 많이 활용해 권위는 몰라도 권력과는 좀 거리를 둔다. 이 3가지 궁금증을 갖고 스키타이에 주목했다. 몽골 초원에까지 영향을 미친 스키타이는 그리스와 문물을 주고받았으니 지중해부터 한국까지 이어지는 유라시아 금관문화에 새로운 영감을 불러 일으킨다. 스키타이의 고향 흑해에서 에게해와 지중해 전역으로 금관을 찾아다닌 이유다.

스키타이, 선비, 월지, 신라의 여성금관(관모장식)

흑해 남쪽은 터키, 동쪽은 러시아, 서쪽은 불가리아와 루마니아, 북쪽은 우크라이나와 접한다. 스키타이의 고향인 흑해 북쪽 우크라이나 수도 키예프 라브라보물관으로 가보자. 상트페테르부르크 에르미타주박물관 보물관의 경우 시베리아, 중앙아시아, 동유럽, 몽골초원에서 출토한 훈족과 스키타이 황금 유물을 제대로 관람하기 어렵다. 출입을 제한하고 엄격한 촬영금

스키타이 여성 금관. 기원전 4세기. 키예프 라브라보물관. ⓒ김문환

지다. 하지만 키예프 라브라보물관은 다르다. 스키타이 황금유물 관람에 제한이 없고, 조건부지만 사진도 찍을 수 있을 만큼 너그럽다. 다양한 맹수들을 양각으로 새긴 기원전 4세기 화려한 스키타이 금관을 누가 썼을까? 스키타이 귀족여성이다. 라브라보물관에 전시중인 관모장식 금붙이들은 대부분 여성용이다. 신라 황남대총 금관 역시 왕비묘로 추정되는 북분에서 나왔다. 선비족의 사슴뿔 머리금장식도 여성을 위한 거다. 과거 박트리아 영토였던 아프가니스탄 틸리야 테페에서 발굴한 1세기 쿠샨제국(월지) 금관 역시 여성무덤에서 나왔다.

월지 여성금관. 1세기. 아프가니스탄 틸리야 테페 출토. 국립중앙박물관 특별전. ⓒ김문환

알렉산더 부친 필리포스 2세 부부의 기원전 4세기 금관

스키타이와 전쟁도 하고, 교류도 했던 그리스 문명권의 북부도시 테살로니키로 가보자. 알렉산더의 고국 마케도니아의 중심지다. 그림처럼 아름다운 테살로니키 에게해 풍경을 가슴에 담고 테살로니키 시외버스 터미널에서 버스에 몸을 싣는다. 베르기나에서 시내버스로 갈아타고 옛 마케도니아 수도 아이가이(Aigai) 왕실 묘지로 간다. 기원전 336년 젊은 새부인을 얻은 직후 암살당한 필리포스 2세 무덤이 기다린다. 1977년 그리스 고고학자들 덕에 2300년 만에 햇빛을 봤다. 필리포스 2세는 물론 트라키아 출신 왕비 메다의 것으로 추정되는 금관이 나왔다. 마케도니아 여인들이 썼던 화려한 금관은 알렉산더가 일군 헬레니즘 시대(기원전 331년~기원전 30년) 동지중

필리포스 2세의 부인 메다 왕비 기원전 336년 금관. 아이가이 왕실묘지박물관. ⓒ김문환

해 전역으로 퍼진다. 다양한 형태의 화려하고 세련된 금관 전성시대다.

트로이 전쟁 미케네의 기원전 16세기 초목장식 금관

아킬레스. 트로이 전쟁을 상징하는 그리스 용장이다. 하지만, 트로이 전쟁에서 그리스 연합군 사령관은 아가멤논이다. 트로이 왕자 파리스에게 아내 헬레네를 빼앗긴 스파르타 왕 메넬라오스의 형이다. 아가멤논은 미케네의 왕이었다. 미케네는 그리스 펠로폰네소스 반도에 자리한다. 1885년 하인리히 슐리만이 발굴한 미케네는 특유의 사자문으로 널리 알려졌다. 미케네 발굴로 전설 속의 미케네 문명 실체가 온전히 밝혀졌다. 그중 하나가 화려한 황금문화다. 아테네 고고학 박물관을 찾으면 기원전 16세기의 풍성한 초목장식 미케네 금관들이 인식의 지평을 넓혀준다. 신라나 가야 금관 역시 나무나 풀잎의 초목장식을 기초로 하기 때문이다.

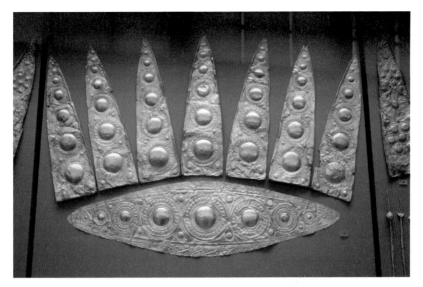

초목 장식 미케네 금관. 기원전 16세기. 아테네고고학박물관. ⓒ김문환

투탕카멘, 이집트의 기원전 20세기 코브라 금관

12500년 전 지구가 빙하기에서 간빙기로 전환되며 따듯해져 가능했던 신석기 농사문명. 그 뒤 인간이 빚은 건축물 가운데 가장 압도적인 위용을 자랑하는 이집트 기자의 쿠프(재위 기원전 2589년~기원전 2566년) 피라미드. 높이 146.9m. 밑변 230.3m×230.3m. 230만개의 화강암 석재로 만든 피라미드 내부 통로에 들어갔다 나오면 인간의 삶과 문명에 대해 다시 생각하게 된다.

기원전 2333년 단군 할아버지보다 더 오래된 피라미드만이 아니다. 이집트 역사고도 룩소르 나일강 서쪽의 신왕국 시대(기원전 1570년~기원전 1070년) 왕들의 계곡에서 파라오 무덤의 벽화를 보는 순간 인류 예술에 대한 시야가 넓어진다. 이집트 파라오 가운데 유일하게 도굴이 아니라 발굴된 신왕국 18왕조 파라오 투탕카멘(재위 기원전 1334년~기원전 1325년) 무덤에서 금관이 출토됐다. 코브라 조각 우라에우스를 단 투탕카멘 금관을 카이로 이집트박물관에서 보면 금관 세움 장식에 대한 새로운 안목이 생긴다. 초원의 권위 사슴뿔, 사막의 권위 코브라.

아나톨리아, 메소포타미아의 기원전 25세기 금관

흑해 남부 터키는 지구촌 농사문명의 남상(濫觴)이자 철기시대를 연 히타이트, 그리스로마문명, 기독교와 이슬람문명의 흔적이 차곡차곡 쌓인 인류

사트 하토르 이우넷 공주의 금관. 코브라 세움 장식이 이채롭다. 기원전 20세기~기원전 18세기. 카이로 이집트박물관. ©김문환

문명사 보배로 손색없다. 터키 한 가운데 자리한 수도 앙카라의 아나톨리아 문명박물관은 신석기 농사문명과 금속문명 초기의 주옥같은 유물을 보관한 명소다. 앙카라 북동부 알라자 회윅(Alaca Höyük)의 무덤에서 출토한 소박한 형태의 초기 금관들이 인류 금관 연대기의 역사를 뒤로 늘려준다. 제작 시기는 기원전 2500년에서 기원전 2250년이다. 런던의 대영박물관에서 보는 기원전 25세기 메소포타미아 우르의 여성용 머리 금장식에 달린 동그란 달개는 이후 등장하는 지구촌 금관 달개 장식의 조상처럼 보인다.

터키 알라자 회윅 출토 금관. 기원전 2500년~기원전 2250년. 앙카라 아나톨리아문명박물관. ⓒ김문환

흑해 불가리아 6500년 전 금관…

지금까지 밝혀진 유물로 보면 금관의 기원은 여기서 더 거슬러 올라간다. 불가리아의 흑해 연안 바르나에서 기원전 4600년에서 4200년 전 움을 틔웠다. 이마에 붙인 소박한 형태의 초기 금관이 앞서본 루트를 따라 유라시아 대륙 전체로 퍼진다. 신라의 화려한 금관은 5000년이 지나서다.

서양으로 범위를 좁히면 그리스 태양신이자 학문과 예술의 수호신 아폴론의 월계관으로 이어진다. 로마로 계승돼 황제의 권위를 상징하던 월계관은 '유대의 왕 예수님의 가시면류관' 이야기로 진화된다. 313년 기독교를 공인한 콘스탄티누스 황제부터 이교도의 상징 아폴론의 월계관을 쓸 상황이 아니었다. 이후 금관은 왕권과 교권을 상징하며 십자가를 넣은 화려한 보석

불가리아 바르나 금관. 기원전 4600년~기원전 4200년. 바르나 고고학박물관. ©김문환

오스트리아 합스부르크 왕가 신성로마황제 루돌프 2세 금관. 1602년. 비엔나 제국보물관.

보석금관을 쓴 성모 마리아와 아기예수. 1394년~1432년. 마드리드 고고학 박물관.

금관으로 다시 태어난다. 황제나 교황의 대관식은 그렇게 닻을 올렸다.

교류와 융합의 산물 금관… 23개국 80개 박물관 취재

한국은 세계적으로 금관과 금동관을 많이 만든 나라다. 금관의 역사를 바로 알아야 자랑스러운 문화유산 소유국의 품격에 어울린다. 유라시아 대륙 동쪽 끝인 국립경주박물관에서 서쪽 끝인 이베리아 반도 포르투갈 리스본 고고학박물관까지, 23개국 80개 박물관을 취재하고 사진을 찍었다. 국립중앙박물관 사진 3장을 합법적으로 인용표시하고 썼다. 유물 설명은 100% 박물관 자료를 배워 전하는 것이니 박물관 이름을 표기하는 것으로 인용을 대신한다. 고대 역사서를 인용할 경우 본문 내용중에 이를 밝혔다. 일반 역사 지식은 두산백과, 네이버백과, 위키백과 등의 내용을 소화한 뒤 필자의 언어로 표현해 인용표시를 별도로 달지는 않는다. 필자는 문명사 현장을 취재해 지적 호기심이 큰 대중을 상대로 교양차원의 글을 쓴다. 이 과정에 늘 따끔한 충고와 가르침 주시는 한국전통문화대학교 이도학 교수님께 감사드린다. 모쪼록 졸저가 지구촌 금관문화, 나아가 교류와 융합의 문명사를 이해하는 작은 디딤돌이 되길 기대해 본다.

2019년 8월 북악산 자락에서

제1부
한민족의 금관

1. 사슴뿔 신라금관은 머리에 쓴 것일까?

황남대총 금관… 사슴뿔, 나뭇가지 형상화 3단 '出'자

국립중앙박물관 신라전시실로 가보자. 경주 대릉원 황남대총에서 출토한 국보 191호 금관이 압도적인 위용을 뽐낸다. 황남대총은 만주에서 제주까지 한국인 활동영역에 남은 고분 가운데 가장 크다. 봉분이 2개인 쌍분(雙

황남대총 북분 출토 금관. '출(出)'자 나뭇가지와 사슴뿔을 세움 장식으로 대륜(관테) 위에 붙였다. 국립중앙박물관. ⓒ김문환

황남대총. 경주 대릉원. ⓒ김문환

墳)인데, 길이만 120m에 이른다.

　북쪽 봉분에서 1973년 8월 출토한 황남대총 금관의 휘황찬란한 면모를
자세히 뜯어보자. 높이는 27.5㎝다. 금관의 무게는 1㎏이니 소고기 두 근 가
깝다. 관의 테두리, 즉 원형 대륜(臺輪) 위로 붙인 세움 장식은 2종류다. 하
나는 얼핏 날 '출(出)'자에 '산(山)'자가 하나 더 붙은 형태의 나뭇가지(樹枝, 수
지)다. 3개의 나뭇가지 사이로 특이한 형태의 조형물이 눈에 들어온다. 무엇
일까? 사슴 뿔(鹿角)장식 2개다.

　나뭇가지와 사슴뿔 이라는 모티프를 잘 기억하고, 국립중앙박물관이 제
작한 발굴 당시 복원 영상을 보자. 유골의 머리 부분에 금관이 놓였다. 장례
치를 때 시신의 머리에 금관을 씌워 매장했을 가능성이 높다. 망자가 살아
있을 때도 금관을 머리에 썼을까?

황남대총. 출토 당시 금관과 황금장식 컴퓨터 그래픽 이미지. 국립중앙박물관 ⓒ김문환

황남대총 북분 출토 금관과 허리장식. 국립
중앙박물관. ⓒ김문환

황남대총 북분 출토 금관과 드림장식. 국립
중앙박물관. ⓒ김문환

금령총 금관··· 4단 '出'자, 사슴뿔 장식

국립중앙박물관에서 신라 금관을 하나 더 만난다. 금으로 만든 방울(鈴)이 출토됐다고 해서 금령총(金鈴塚)이라 불리는 금령총 금관이다. 황남대총 금관보다 훨씬 오래전인 1924년 일제 손으로 발굴된 금령총 금관은 국립중앙박물관이 수장고에 넣은 채 공개하지 않는다. 대신 국립중앙박물관측은 홈페이지에서 다운로드 받아 감상하고 출판할 수 있도록 해준다.

금령총 금관도 '출(出)'자 나뭇가지 형 장식 3개와 사슴뿔 2개를 대륜에 달았다. 특이한 점은 '출(出)'자형 세움 장식의 '산(山)' 형태가 황남대총처럼 3단이 아니라 4단으로 더 복잡하다. 그래서 황남대총 금관보다 후대에 만들어졌다는 추정이 나온다. 금령총 출토당시 사진을 보면 금관을 얼굴 부위에

금령총 금관 출토당시 모습. 출처 국립중앙박물관.

두고 있지만, 머리에 씌워 장례를 치렀는지는 불분명하다.

금령총 금관을 옆으로 편 모습. 출처 국립중앙박물관.

금령총 금관. 출처 국립중앙박물관.

천마총 금관… 황남대총 북분 금관보다 화려

이제 국립경주박물관으로 무대를 옮긴다. 1973년은 우리 고고학사를 풍성하게 채운 해다. 황남대총에 한 달 앞서 1973년 7월 황남대총 맞은 편 천마총에서도 금관을 출토했으니 말이다. 국립경주박물관에서 만나는 국보 188호 천마총 금관은 높이 32.5㎝, 지름 20㎝로 지금까지 발굴된 신라 금관 가운데 가장 크다. 장식은 황남대총 금관과 같다. '출(出)'자 나뭇가지 형 장식 3개에다 사슴뿔 2개다.

나뭇가지 장식 '출(出)'자의 '山' 형태는 금령총처럼 4단을 이룬다. 금관에는 금달개와 곱은옥을 무수히 달아 찬란한 아름다움을 빚어낸다. 신라 금관 가운데 가장 화려하고 아름다워 가장 후대 만들어진 것으로 추정하는 이유다. 천마총 전시관으로 가서 발굴 당시 재현 모습을 보면 금관은 역시 얼굴 부위에 놓였다.

천마총. 경주 대릉원. ⓒ김문환

천마총 금관 발굴당시 매장 모습 재현. 천마총 전시관. ⓒ 김문환

천마총 금관과 드림장식. 국립경주박물관. ⓒ 김문환

천마총 금관. 황남대총 북분 금관처럼 '출(出)'자 형태 나뭇가지와 사슴뿔을 세움 장식으로
대륜 위에 달았다. 국립경주박물관. ⓒ 김문환

신라 금관- 국립중앙박물관 2개, 국립경주박물관 4개

국립경주박물관에 전시중인 금관총 금관으로 발길을 돌린다. 금관총은
1921년 주택 건축 과정에 드러났고, 신고를 받은 일제가 발굴에 나섰다. 금
관이 최초로 출토된 무덤이라고 해서 금관총이란 이름을 붙였다. 길이 27㎝
인 금관총 금관 역시 천마총이나 황남대총 북분 금관처럼 '출(出)'자 나뭇가
지 형 장식 3개에다 사슴뿔 2개를 세움 장식으로 달았다. '山' 형태는 3단이
다. 국립경주박물관은 금관을 머리 쪽에 허리장식은 중간에 금동신은 발치
에 두는 방식으로 금관을 전시중이다. 금관을 머리에 두고 장례를 치렀음을
말해준다.

금관총 금관과 허리장식. 국립경주박물관. ©김문환

금관총 금관. 국립경주박물관. ©김문환

서봉총 금관. 복제품. 부산 복천박물관. ⓒ김문환

보물 339호 서봉총 금관도 국립경주박물관이 소장중이지만, 전시하지는 않는다. 1926년 일제가 발굴할 때 스웨덴(瑞典)의 황태자가 발굴에 참여해 '스웨덴'이라는 의미를 살려 서봉총(瑞鳳塚)이라고 이름 지었다. 부산 복천 박물관에 서봉총 금관 복제품이 전시돼, 그나마 아쉬움을 달래본다. 형태는 '출(出)'자형 나뭇가지 장식 3개에다 사슴뿔 2개로 신라 금관의 일반적 유형 을 따랐다. 금관 높이는 30.7㎝, 지름 18.4㎝다. 지금까지 출토된 신라금관 이 모두 6개니 이제 하나 남았다. 교동금관이라 부른다. 국립경주박물관이 소장하며 탐방객에게 공개하는 친절을 베푼다.

작아서 머리에 쓸 수 없는 교동금관, 금령총 금관

  경주시 교동(校洞)의 한 고분에서 도굴한 금관을 압수한 유물이어서 교동
금관이라 부르는데, 크기가 작다. 지금까지 발굴된 신라 금관 6개중 형태도
가장 단순하다. 세련된 형태의 '출(出)'자나 사슴뿔이 보이지 않는다. 무엇
보다 교동금관은 지름이 14㎝에 불과하다. 14㎝라면 아무리 고대인들의 체
구가 작다 해도 성인 머리에 쓸 수 있는 크기가 아니다. 금관을 시신의 머리
에 꼭 씌워 장례를 치른 게 아니라는 점을 말해준다. 얼굴에 올려놓거나, 머
리맡에 두거나, 혹은 단순히 무덤 안에 부장품으로 넣었을 뿐이라는 추정도
가능하다.

교동 금관. 국립경주박물관. ⓒ김문환

교동금관만이 아니다. 비록 머리 부분에서 발굴됐지만, 금령총 금관 역시 지름이 16.5㎝에 불과해 성인이 쓰기에는 너무 작다. 여기서 당연시해왔던 생각, 즉 금관을 머리에 썼을 것이라는 가정이 흔들린다. 물론 피장자가 어린아이였을 것이라는 해석도 나온다. 하지만, 6개의 신라 금관 중 2개가 어린이용이라는 점은 상식적으로 납득하기 어렵다. 천마총이나 황남대총처럼 머리에 씌워 매장했을 가능성이 높은 금관도 있지만, 교동이나 금령총처럼 얼굴에 얹거나 머리맡에 두는 부장품용 금관도 있었다는 해석이 합리적이다. 생전에 머리에 쓰고 생활했는지도 명확하지 않다. 이제 금관의 주인공이 누구인지가 궁금해진다.

2. 신라 금(동)관은 왕을 위해 만든 것인가?

파리 기메박물관 신라 금동관…

금관의 주인공은 누구인지 궁금증을 안고 프랑스 파리 기메(Guimet)박물관으로 가보자. 전 세계 관광객을 블랙홀처럼 빨아들이는 파리에는 지구촌 각지 유물을 간직한 박물관이 크게 2개다. 널리 알려진 루브르박물관은 지중해에서 이집트, 메소포타미아, 그리스로마, 이란(페르시아) 유물까지 다룬다. 이란 동쪽으로 아프가니스탄, 중앙아시아, 인도, 동남아시아, 중국, 일본, 한국의 유물은? 간다라 불상으로 대표되는 불교관련 유물은? 기메박물관이 소장과 전시를 맡는다.

기메박물관의 한국 유물 가운데, 3단 '출(出)'자 나뭇가지 형태와 사슴뿔 세움 장식을 단 유물이 눈길을 모은다. 금관일까? 형태는 전형적인 신라 금관이지만, 급이 낮다. 청동으로 만들어 금을 도금한 금동관이다. 흔히 금관의 주인공을 왕으로 여긴다. 그렇다면 금동관은 무엇인가? 파리 기메박물관 이외에 국내에 금동관이 더 있는가?

3단 '출(出)'자형 금동관. 신라. 파리 기메박물관. ⓒ김문환

수도 경주 벗어난 대구에서 금동관 3점 출토

국립중앙박물관에서도 국립경주박물관에서도 '출(出)'자 형태와 사슴 뿔
세움 장식을 단 금동관을 만난다. 외형적으로 금관과 판박이다. 금관이나 금
동관을 왕이 사용했다면, 신라의 수도이던 경주에서만 발굴돼야 한다. 무덤
을 경주 이외의 다른 곳에 만들지 않았을 테니 말이다. 하지만, 경주를 벗어
난 각지에서 금동관이 출토된다. 금동관을 왕이 사용한 게 아니라는 증거다.

증거를 찾아 먼저 국립대구박물관으로 가보자. 대구 지역에서 발굴한 3점
의 금동관이 탐방객을 기다린다. 대구 달성고분 37호분에서 나온 2개의 금
동관은 3단 '출(出)'자 형태다. 고분의 주인공이 누구인지 밝혀지지 않았지
만, 신라왕이 아닌 것은 분명하다. 무덤 하나에 금동관이 2개 나온 점도 특
이하다. 2점 가운데 한 점은 보존 상태가 좋다. 사슴뿔 세움 장식을 달았던

4단 '출(出)'자형 금동관. 신라. 국립경주박물관. ⓒ김문환

3단 '출(出)'자 금동관1. 신라. 달성고분 37호분 출토. 국립대구박물관. ⓒ김문환

3단 '출(出)'자 금동관2. 신라. 달성고분 37호분 출토. 국립대구박물관. ⓒ김문환

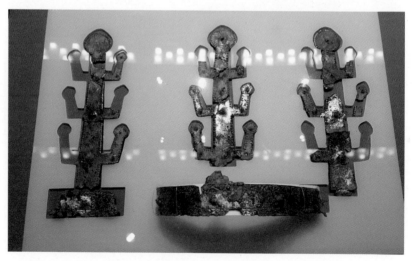

3단 '출(出)'자 금동관. 신라. 대구 문산리 출토. 국립대구박물관. ⓒ김문환

흔적도 뚜렷하게 남았다. 국립대구박물관에 전시중인 3번째 금관은 대구 문산리에서 출토한 금관으로 역시 3단 '출(出)'자 형태다. 원형이 많이 훼손돼 일자로 펴서 전시중이지만, 신라 금관 형식임을 확인하기는 어렵지 않다.

충청·강원의 '출(出)'자 형태 사슴뿔 금동관

대구에서 북으로 올라가 국립청주박물관에 들러보자. 충청북도 단양 하리에서 출토한 금동관이 기다린다. 대륜의 폭이 다른 금관이나 금동관보다 넓다. 3단 '출(出)'자 형태도 기존에 보던 것과 다르다. 상자 같은 틀 안에 '산(山)' 형태가 들어간 모양새다. 신라는 국력을 확충하면서 충청도를 넘어 강원도 지역으로도 영토를 넓힌다. 국립춘천박물관으로 가면 강원도 지역에서 출

3단 '출(出)'자 금동관. 신라. 충북 단양 하리 출토. 국립청주박물관. ⓒ김문환

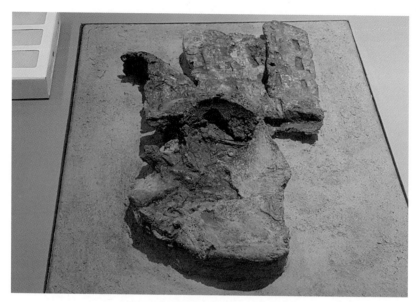

신라 금동관. 동해 북평동 출토. 국립춘천박물관. ⓒ김문환

3단 '출(出)'자 금동관. 신라. 강릉 초당동 출토 복제품. 국립춘천박물관. ⓒ김문환

신라 금동관. 삼성미술관 리움. ⓒ김문환

토된 금동관들을 전시중이다. 금동관을 통해 신라의 영역확대 과정이 자연
스럽게 읽힌다. 강원도 해안을 따라 신라의 문화가 퍼졌던 동해 북평과 강릉
초당동의 3단 '출(出)'자 형 금동관이 신라 금동관의 의미를 파악하는 데 도움
을 준다. 서울 한남동 삼성미술관 리움에도 신라 금동관을 1점 전시중이다.

5세기 100여년 만 사용된 금(동)관은 왕권 상징 아님

신라 금관의 수수께끼는 1000년 신라 역사에서 오직 5~6세기 경, 경주에
초대형 봉분 무덤, 그것도 목곽을 쓰며 돌을 쌓아 만든 적석목곽분 시기에
만 등장했다는 점이다. 경주에서는 '출(出)'자 형 나뭇가지와 사슴뿔을 넣은
금관, 경주를 벗어나 경상도와 나머지 신라 영역에서는 같은 형태의 금동관

이 나온다. 수도의 금관과 지역의 금동관을 어떻게 해석해야 할까?

우선, 지방에 왕이 살았을 리 없으니 금동관은 왕이 쓰거나 왕이 부장품으로 무덤에 넣은 왕권 상징이 아니라는 점이 분명해진다. 둘째, 지방의 금동관은 지방통치를 맡은 왕족이나 귀족이 만들었을 가능성이 높다. 신라 김춘추의 사위 김품석이 대야성(합천) 도독으로 나간 사실은 이를 말해준다. 비록 김품석이 김춘추의 딸을 아내로 두고도 현지 부하 검일의 아내를 빼앗았다가 검일의 복수로 백제 침략 때 숨지지만 말이다. 금관이나 금동관은 왕이나 왕족, 귀족의 권위를 나타내고자 했던 것이지 왕에게 국한된 권위는 아니다.

3.가야 금(동)관은 왜 산등성이에서 출토될까?

산 능선에 설치한 가야 무덤의 금(동)관

"산 위에 저게 뭐꼬?" 경상북도 고령군청에서 동북쪽 교외로 나가면 지산동 대가야 박물관이 나온다. 박물관 뒤로 고령군 대가야읍(2015년 이전 고령읍)과 낙동강 지류(대가천, 소가천, 회천)를 굽어보는 해발 311m 주산(主山) 능선이 보인다. 산정상부 능선을 거대한 봉분들이 가득 메운다. 유라시아 대륙 어디서도 볼 수 없는 가야만의 가파른 능선 고분군이다. 1501년 태어난

고령군 대가야 박물관 뒤 주산 능선의 지산동 대가야 고분군. ©김문환

지산동 대가야 고분군. 산 능선을 따라 조성된 고분들. ©김문환

퇴계 이황(안동출신)과 동갑나기로 퇴계와 함께 동인의 영수로 추앙받던 근처 합천 출신 남명 조식이 육순을 맞아 1560년 경 주산 능선의 대가야 고분군을 보고 놀라 던진 말이다. "산 위에 저게 뭐꼬?"

500년이 지난 지금 이곳을 찾는 누구라도 같은 말을 되풀이 할 수밖에 없게 만드는 가야 문화유산에 새삼 놀란다. 능선 고분 가운데 32호 묘에서 1978년 금동관이 나왔다. 동판을 두드려 펴 모양을 만들고 금을 도금한 5세기 가야 금동관은 서울 국립중앙박물관에 전시중이다. 문화재청은 출토 40년만인 2018년 12월 19일 보물의 반열에 올렸다. 가야 금관이나 금동관이 더 있는지 궁금해진다.

고령 지산동 32호묘 금동관. 2018년 12월 출토 40년 만에 보물로 지정됐다. 국립중앙박물관 ©김문환

가야 금관 2개… 일본 도쿄국립박물관, 삼성미술관 리움

무대를 일본 도쿄국립박물관 동양관실로 옮겨보자. 일제시대 한국 내 문화유산을 대거 수집해 일본으로 가져간 일본 기업가가 있으니, 오구라 다케노스케(小倉武之助, 1896~1964)다. 오구라가 사실상 약탈하다시피 일본으로 가져간 우리 문화재가 무려 1천여 점에 이른다. 오구라는 죽으면서 유물을 도쿄국립박물관에 맡긴다. 이를 오구라 콜렉션이라 부른다. 그중 하나가 가야 금관이다.

'출(出)'자형 나뭇가지나 사슴뿔 같은 세움 장식, 현란한 달개와 비취 곱은 옥이 매달린 화려함과는 거리가 멀다. 특별한 장식 없이 풀잎이 양쪽으로 퍼진 형태의 초화(草花)형 세움 장식 2개 사이에 말띠 꾸미개처럼 생긴 세움

가야 금관. 도쿄국립박물관. ⓒ김문환

가야 금관. 삼성미술관 리움 소장. ⓒ김문환

장식이 하나 더 붙었다. 말띠 꾸미개 형태 세움 장식에는 나뭇잎처럼 생긴 금달개 8개가 작은 고리로 매달렸다. 금관 지름이 16.9㎝로 작다. 성인이 쓸 수 없는 크기다. 신라 교동금관이나 금령총금관과 마찬가지다.

가야 금관을 서울 한남동의 삼성미술관 리움에서도 만난다. 국보 138호 삼성미술관 리움 소장 금관 역시 신라 금관과 비교하면 소박한 형태다. 높이 11.5㎝, 지름 20.7㎝로 비교적 작다. 높이와 지름에 비해 원형 관테인 대륜은 세로 폭이 3.6㎝로 꽤 넓다. 대륜에는 작은 원형태의 금달개와 비취 곱은옥을 매달았다. 또 대륜에 금실로 고정시킨 4개의 세움 장식은 일견 사람처럼 보인다. 팔다리를 벌리고 선 모습에 가깝다. 도쿄국립박물관 오구라 콜렉션 가야 금관처럼 이 금관 역시 정확한 출토지를 알 수 없다. 정식 발굴이 아니라 도굴된 것을 사들였기 때문이다.

합천, 성주, 부산 복천동… 가야 '출(出)'자형 금동관

경상남도 합천으로 가보자. 고령과 함께 대가야 영역이던 합천에도 적잖은 가야 무덤이 남아 있고, 여러 유물들이 가야를 증언한다. 가야는 하나의 단일국가가 아니다. 고대 한반도 남부는 마한, 변한, 진한의 삼한으로 나뉘는데 이중 변한이 가야다. 지역 별로 여러 소국들로 나뉘었다. 고령 대가야, 김해 금관가야, 함안 아라가야, 성주 성산가야… 이런 식이다. 이들이 연맹체를 형성해 나름의 세력을 키웠다.

합천 옥전동에도 고령에서 보던 것과 같은 산 능선 고분들이 탐방객을 맞는다. 고분군 앞에 설치된 합천박물관에 옥전동 M5호 고분에서 출토한 '출(出)'자형 나뭇가지 금동관의 복제품을 전시중이다. 그 옆에는 은으로 만든

합천 옥전동 고분군. 가야 특유의 능선 고분군을 볼 수 있다. ⓒ김문환

은관 대륜. 합천 옥전동 출토. 합천박물관. ⓒ김문환

3단 '출(山)'자 금동관. 가야. 합천 옥전동 출토. 복제품. 합천박물관. ⓒ김문환

금동관 대륜과 세움장식 일부. 가야. 성주 가암동 출토. 국립중앙박물관. ⓒ김문환

대륙이 세련된 장식과 화려한 디자인을 뽐낸다. 황남대총 남분에서도 은으로 만든 관이 나왔듯이 당시 금과 은을 모두 관의 소재로 사용했다.

가야 금동관은 국립중앙박물관에서도 만난다. 성산가야 지역인 경북 성주 가암동에서 1980년 출토한 5세기 금동관이다. 크게 훼손돼 원형을 잃었지만, 가야의 전설을 기억하는 소중한 유물이다. 소박한 형태의 초기 가야 금동관 모습을 연상하는데 부족함이 없다. '출(出)'자 나뭇가지 형 금동관은 부산 복천동 가야 고분에서도 나왔다.

'출(出)'자 형태 추상화 전 나뭇가지 장식

부산 복천박물관으로 가보자. 박물관 앞으로 가야의 전형적인 능선 고분들이 펼쳐진다. 복천 1호 고분에서 나온 금동관은 대륜이 반 이상 훼손된 상태다. 하지만, '출(出)'자 나뭇가지 형태 세움 장식이 원형을 잃지 않고 가야

부산 복천동 고분군. 가야 특유의 능선 고분군을 이룬다. 봉분은 사라진 상태고, 사각형으로 나무를 심은 부분이 봉분터다. ⓒ김문환

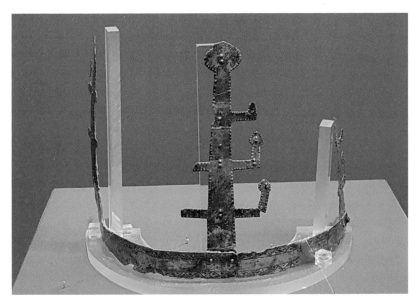

3단 '출(出)'자 금동관. 가야. 복천 1호분 출토. 부산 복천박물관. ⓒ김문환

3단 '출(出)'자로 진화하기 이전의 나뭇가지 모습을 그대로 간직한 모습을 보여준다.
부산 복천 11호분 출토. 국립김해박물관. ⓒ김문환

금동관의 실체를 전해준다. 복천동 가야 고분군은 금동관의 역사와 관련해 중요한 시사점을 던져준다. 복천 11호 고분에서 출토한 금동관 덕분이다.

　이 금동관은 복천박물관에 복제품을 남기고, 국립김해박물관에서 탐방객을 맞는다. 대륜 위 세움 장식을 보자. '출(出)'자 나뭇가지 형이 아니다. '출(出)'자는 나뭇가지를 추상화한 형태다. 복천 11호 고분 금동관의 세움 장식은 '출(出)'자로 추상화하기 이전의 나뭇가지를 실물 그대로 담아냈다. '출(出)'자 나뭇가지 세움 장식 금동관이 디지털 형태라면, 복천동 11호분 나뭇가지 세움 장식 금동관은 아날로그다. 나무는 산의 상징인 동시에 하늘과 이어진다. 신단수에서 보듯 신성하다. 가야인이 나무가 자라는 산에서도 꼭대기 능선에 무덤을 조성한 것은 하늘과 더 가까이 닿으려는 희망을 표현한 게 아닐런지….

4. 백제와 마한에도 금관이 있었을까?

신원 밝혀진 유일한 고대무덤 무령왕릉, 국보만 17점

충청남도 공주시 송산리고분군으로 가보자. 한강 풍납동토성과 몽촌토성을 왕성으로 삼았던 백제가 475년 고구려 장수왕의 침략으로 문패를 내린다. 이후 공주로 남하해 백제의 깃발을 다시 들어 올린다. 재기에 성공한 백제 왕실과 귀족들은 송산리에 고분을 만든다. 1971년 장마철인 7월 5일 송산리고분군 6호분의 배수로를 파는 과정에 무령왕(재위 501년~523년)의 무

공주시 송산리고분군 전경. ⓒ김문환

공주시 송산리고분군 무령왕릉 전경. ⓒ김문환

덤 입구가 드러났다. 졸속 발굴이긴 했지만, 밝혀진 내용은 놀라웠다. 무령
왕 묘지석이 나와 고대 무덤 가운데 국내에서는 유일하게 주인공이 확실하
게 밝혀졌다.

무령왕릉에서는 모두 4600여점의 유물을 발굴했다. 이 가운데 12개 종류
17개 유물이 국보로 지정됐다. 훨씬 많은 유물이 출토된 경주의 왕릉급 무
덤보다 국보가 많다. 무령왕이라는 신원이 분명한 덕분이다. 무령왕릉은 현
재 폐쇄된 상태다. 그 앞으로 송산리고분군의 무덤들을 실물크기 모형으로
만든 송산리고분군전시관이 문을 열었다. 중국의 영향을 받아 벽돌을 쌓아
만든 전축분 무덤의 면모를 들여다보기 좋다. 무령왕릉의 내부구조, 현실
유물도 발굴당시 모습 그대로 복원해 백제의 문화상이 온전하게 드러난다.
궁금해진다. 그렇다면 금관은?

무령왕과 왕비 관모의 화염무늬 금장식

무령왕릉에서 출토한 유물을 보려면 국립공주박물관으로 가야 한다. 송산리고분군전시관에는 복제품을 전시하고 실물은 국립공주박물관에 전시하기 때문이다. 국립공주박물관 건물입구에 심은 일본산 금송부터 본다. 무령왕의 시신을 안치했던 목관은 일본 금송으로 만들었다. 무령왕이 일본에서 태어난 점 등을 고려해 보면 당시 백제와 일본의 밀접한 관계가 잘 읽힌다.

130여년 뒤 백제가 멸망할 때 일본에 체류하던 백제왕자 부여풍이 일본 천황이 보내준 구원군과 함께 귀국한 점도 고대 백제와 일본의 관계를 잘 보여준다. 무령왕 흉상을 보고 안으로 들어간다. 사실 유골이 나온 것이 아니기 때문에 무령왕의 얼굴 모습을 알아낼 수는 없다. 무령왕의 얼굴이 그림처럼 아름답다는 『삼국사기』의 기록만이라도 반영되길 기대해본다.

공주시 송산리고분군전시관 전경. ©김문환

무령왕릉 현실 복원. 송산리고분군전시관. ⓒ김문환

전시실을 가득 메우는 유물 가운데, 신라나 가야에서 출토되는 금관이 있을까? 무령왕릉에서는 금관이 나오지 않았다. 대신, 관모(冠帽)에 다는 화염무늬 금장식(국보 154호, 155호)이 출토됐다. 국보 154호는 무령왕, 국보 155호는 왕비의 모자에 달던 금장식이다.

여기서 3가지 핵심 포인트가 짚인다. 먼저, 백제왕들은 금관을 사용하지 않았다는 점이 분명해진다. 둘째, 『구당서』 동이전 백제조의 "나라의 왕은 자주색 도포에 푸른 비단바지를 입고 검은 비단모자에 금꽃 장식을 달았다"는 기록처럼 관모장식을 활용한 점. 셋째, 왕뿐 아니라 왕비도 똑같이 했다는 점이다. 남녀 불문하고 고귀한 신분을 상징하는 표상으로 쓰인 거다.

백제의 무덤은 신라와 다르다. 여러 개의 금관이 출토되는 신라 무덤은 시신과 부장품 위에 막대한 양의 돌을 쌓아 만든다. 구조적으로 도굴이 힘

무령왕 흉상. 국립공주박물관. ⓒ김문환

무령왕 관모장식과 금장식. 복제품. 공주 송산리고분군전시관. ⓒ김문환

무령왕 관모장식. 복제품. 공주 송산리고분군전시관. ©김문환

들다. 반면, 백제의 무덤은 석실묘나 벽돌을 쌓은 전축분이다. 실내 공간을

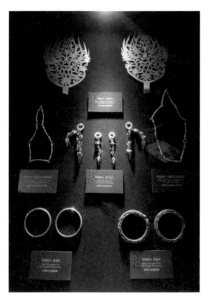

무령왕비 관모장식과 금장식. 복제품.
공주 송산리고분군전시관. ⓒ김문환

무령왕비 관모장식. 복제품.
공주 송산리고분군전시관. ⓒ김문환

갖추고 있어, 입구만 찾으면 도굴이 쉽다. 5백여 년 수도이던 서울이나 공주, 부여의 백제 무덤에서 유물이 적게 출토되는 이유다. 마한은 어땠을까?

영산강 유역 화려한 금동관… 내부에 속모자

발길을 마한의 무덤들이 다수 남아 있는 전라남도 나주로 옮겨보자. 국립나주박물관에 특이한 유물 하나가 기다린다. 영산강 유역 마한 땅 나주 신촌리 9호 고분에서 출토된 금동관이 화려한 자태를 뽐낸다.

국보 295호 금동관은 생김새가 기존 신라의 '출(出)'자 나뭇가지 형 금관이나 가야의 소박한 장식 금관과 다르다. 풍성하면서도 세련된 디자인이 시선을 사로잡는다. 비록 금동관이지만, 국보로 지정된 이유가 한눈에 읽힌다. 금동관 역시 대륜 위에 세움 장식은 나뭇가지나 잎사귀의 초화(草花) 무늬를 기본으로 한다. 하지만, 위로 올라가면서 화염무늬로 승화되고 마침내 동그란 보주(寶珠) 형태를 띤다. 백제 무령왕릉 출토 화염무늬 금장식의 연장선으로 볼 수도 있는 대목이다.

　나주 신촌리 금동관이 눈길을 끄는 대목은 또 있다. 금동관 내부에 고깔형 모자가 들어 있는 점이다. 속모자라고 할까? 그러니까, 고깔 형태의 금동모자가 있고, 그 둘레에 화려하고 풍성한 장식이 돋보이는 금동관을 덧 씌우는 구조다. 무령왕릉에서 발굴된 관모 금장식은 바로 이 속 금동모자, 일상에서는 직물로 만들었을 모자에 꽂는 장식이다. 신분과 품격을 상징하는 모자 즉 직물형태 관모에 금장식을 달거나 꽂은 거다. 이 금장식 대신에 관

국보 295호 금동관. 나주 신촌리 출토. 국립나주박물관. ⓒ김문환

국보 295호 금동관 복원 모형. 나주 복암리 고분전시관. ©김문환

모 둘레에 금동관을 씌우는 게 신촌리 금동관의 기본 구조다.

국립나주박물관에서 전시 형태의 특성상 이런 이중 구조를 자세히 들여다보기 어렵다. 근처 나주 복암리 고분전시관으로 가 전시관 마당에 큼직하게 재현해 놓은 금동관 모형을 보면 이중구조가 정확히 눈에 들어온다. 고깔 형태 속 모자를 이해하면 나머지 백제(마한)영토에서 출토되는 금동관모를 이해하기 쉽다.

백제(마한) 영역 각지에서 나오는 금동관모

이제 발길을 국립전주박물관으로 돌려보자. 익산시 웅포면 입점리 횡혈식 석실묘에서 출토한 금동관모가 기다린다. 입점리 고분군은 1986년 현지인이 발견해 내부에서 유물을 찾아 당국에 신고하면서 알려졌다. 1986년 8

기, 1998년 13기의 무덤이 확인됐는데, 시기는 5세기다. 백제는 공주 무령왕릉에서 밝혀졌듯이 모자에 꽂는 금장식을 만들었다. 금동관모들이 백제혹은 마한의 유물인지는 더 면밀한 검토가 필요해 보인다.

입점리 1호묘에서 출토된 금동관모는 물고기 비늘무늬를 기본으로 삼았다. 공주 수촌리에서도 비슷한 형태의 금동관모가 나왔다. 몽촌토성이 자리한 서울 올림픽 공원 내 한성백제박물관으로 가면 각지에서 출토한 금동관모 복제품을 전시중이다. 속 모자나 관모 형태 금동관의 면모를 이해하기 좋다. 마한(혹은 백제)의 속모자 형태 금동관모는 머리에 실제 쓸 수 있는 형태가 아니다. 부장품용으로 특별 제작한 것으로 보인다. 각지에 살던 당시 지배자나 지배자와 관련된 최상위 계급 일원의 무덤에 권위를 부여하기 위해 만들었을 가능성이 높다.

일본의 금동관모… 신라의 금관모

한성백제박물관에서는 일본에서 출토된 금동관모의 복제품도 볼 수 있다. 한반도와 가까운 일본 규슈 지방 구마모토현 다마나군 에다후나야마(江田船山) 고분 금동관모다. 한반도 금동관모와 유사하다. 5세기 일본에서는 앞은 사각형이고 뒤는 원형인 무덤 전방후원분(前方後円墳)을 만들었다. 에다후나야마 고분도 마찬가지다. 전방후원분은 영상강 유역의 전라남도 마한영역에 집중적으로 분포한다. 백제와 차별화되는 마한의 특징이다. 마한의 고분이 백제와 다르고, 일본과 같다는 점도 앞으로 풀어야할 한일 고대사의 한 주제다.

국립중앙박물관으로 가보자. 경주 금관총에서 출토한 금으로 만든 화려

둥근 고깔모양 금동관모. 공주 수촌리 출토. 국립중앙박물관. ©김문환

공주 수촌리 출토 금동관모 복원품. 서울 한성백제박물관. ©김문환

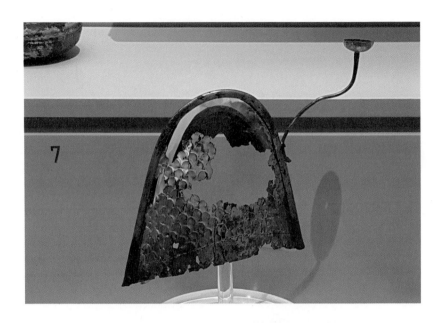

익산 입점리 1호 횡혈식 석실묘 출토 금동관모. 국립전주박물관. ⓒ김문환

고흥출토 금동관모. 복제품. 전남대학교박물관. ⓒ김문환

한 금제관모가 탐방객을 기다린다. 국보 87호인 높이 17.6㎝ 금관총 금제관모와 똑같은 형태의 금제관모가 천마총에서 출토돼 국립경주박물관에 전시 중이다. 5세기 만들어진 신라 순금 관모는 백제(마한)의 금동관모와 성격이 비슷하다. 가야지역 창령에서 출토돼 일본 도쿄국립박물관에 전시중인 금동관모도 마찬가지다. 삼성미술관 리움에서도 금동관모를 1점 전시중이다.

고구려가 금(동)관, 관모 금(동)장식 기원?

지금까지 살펴본 우리민족 금관과 금동관, 금동관모를 정리해 보자. 먼저, 구조적으로 도굴이 어려운 5세기 신라 적석목곽분에서 출토한 금관 6개와 신라 영역 금동관은 나뭇가지를 상징화한 출(出)’자 초화(草花)형 세움 장

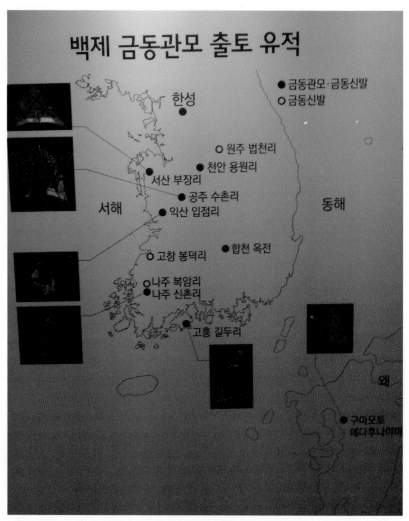

백제 금동관모 출토 유적

금동관모 출토지역. 서울 한성백제박물관. ⓒ김문환

식과 사슴뿔 세움 장식을 쓴다. 둘째, 가야의 금관 역시 단순하지만, 나뭇가지를 모티프로 한 초화(草花)형 세움 장식을 채용했다. 셋째, 백제는 금관이나 금동관 대신 무령왕릉 출토품에서 알 수 있듯이 관모에 꽂는 화염무늬

구마모토 에다후나야마 고분 금동관모. 복제품. 진품은 도쿄국립박물관.
무늬가 공주 수촌리 출토품과 같다. 서울 한성백제박물관. ⓒ김문환

공주 수촌리 출토 금동관모 무늬. 국립중앙박물관. ⓒ김문환

신라 금제관모. 금관총 출토. 국립중앙박물관. ⓒ김문환

가야 금동관모. 창령 출토. 국립도쿄박물관. ⓒ김문환

금동관모. 삼성미술관 리움. ⓒ김문환

금장식을 썼다. 넷째, 전남지역에서는 신촌리 고분 유물처럼 금동관을 만들었다. 다섯째, 백제(마한) 영역 각지에서 속모자 형태의 금동관모와 금동관이 출토되고 유사한 유물이 가야와 일본에서도 발굴된다.

이 5가지 특징의 한국 고대 금관과 금동관, 금동관모 문화는 어디서 온 것일까? 사슴뿔이 신라 금관과 금동관 전성기인 5세기 등장한 이유와 맞물린다. 사슴은 농경문화가 아니다. 기마민족, 수렵생활과 연결된다. 우리 민족 역사에서 수렵은? 고구려다. 그렇다면 이제 고구려의 풍속은 어땠는지. 금관은 있었는지를 살펴볼 차례다.『삼국사기』'백제본기' 고이왕조나 중국 역사서『구당서(舊唐書)』,『신당서(新唐書)』,『북사(北史)』,『수서(隋書)』등에서 반복적으로 기록되는 내용이 "백제의 복식과 관모는 고구려 풍습을 따랐다"

는 점이다. 무령왕 금제관모장식이 고구려풍습일까?

5. 고구려 새 깃털 장식이 금관의 시작일까?

고구려 화염무늬 관모장식… 무령왕 출토품 유사

무대를 서울 국립중앙박물관으로 다시 옮긴다. 427년 장수왕이 고구려의 도읍으로 삼은 평양에서 출토한 금동 관모장식이 반겨준다. 형태는? 화염무늬다. 섬세한 표현의 불꽃이 이글거리며 타오른다. 앞서 본 무령왕릉 출토 무령왕 화염무늬 관모 금장식, 왕비 관모 금장식처럼 불꽃 소재라는 점에서 겹친다. 백제가 고구려의 관모장식을 사용했다는 기록과 일치한다.

화염무늬는 어디서 나왔을까? 역시 국립중앙박물관에 전시중인 고구려 불상을 보자. 551년 양원왕 7년 만들어진 고구려 불상의 광배다. 화염무늬가 섬세하게 새겨졌다. 1963년 경남 의령에서 출토한 고구려 불상을 보자. 539년 제작된 이 불상의 광배에도 화염이 피어오른다. 화염무늬 관모 금동장식은 이것만이 아니다. '산(山)'자 형태에 화염무늬를 넣은 것도 있다. 화염무늬를 벗어난 소재도 보인다. 다리 셋 달린 전설의 삼족오(三足烏)를 소재로 한 평양 진파리 출토 금동관모의 핵심은 새다. 새도 고구려 관모문화, 금동관 문화와 깊은 관련을 맺는다.

평양 출토 화염무늬 고구려 금동 관모 혹은 불상 관 장식. 국립중앙박물관. ⓒ김문환

타오르는 화염이 섬세하게 표현된 고구려 장식. 국립중앙박물관. ⓒ김문환

섬세한 화염무늬 무령왕 관모장식. 복제품. 국립중앙박물관. ©김문환

섬세한 화염무늬 무령왕비 관모장식. 복제품. 국립중앙박물관. ©김문환

화염무늬가 잘 표현된 고구려 불상 광배. 양원왕 7년 551년. 국립중앙박물관. ⓒ김문환

광배와 부처님까지 완벽한 형태로 남은 고구려 불상. 539년. 1963년 경남 의령 출토.
국립중앙박물관. ⓒ김문환

고구려 금동 관모장식. 삼족오 무늬다. 평양 진파리 출토. 국립중앙박물관. ⓒ김문환

산 형태에 화염무늬를 넣은 고구려 금동 관모장식. 국립중앙박물관. ⓒ김문환

고구려, 삼족오에 이은 새 깃털 금동관모장식

평안남도 남포 쌍영총에서 출토한 고구려 무사를 보자. 머리에 새 깃털을 꽂은 직물 모자, 일명 조우관(鳥羽冠)을 썼다. 만주 집안 무용총 벽화 수렵도에 등장하는 용맹무쌍한 고구려 무사도 마찬가지다. 바람에 흩날리는 새 깃털이 직물 모자에 꽂혀 있다. 조우관 쓴 고구려인은 이것으로 그치지 않는다. 당나라 수도이던 서안의 장회태자 무덤 벽화, 멀리 중앙아시아 우즈베키스탄 사마르칸드의 아프라시압 투르크(돌궐) 궁전 벽화에도 어김없이 새 깃털을 꽂은 조우관 차림 인물이 등장한다. 새 깃털을 소재로 한 조우관이 그림 말고 실물로도 남아 있을까?

새 깃털 조우관 쓴 고구려 무사 그림. 남포 쌍영총 출토. 국립중앙박물관. ©김문환

조우관 쓴 고구려 무사 그림. 집안 무용총 수렵도. 집안 고구려 고분벽화 전시실. ⓒ김문환

조우관 쓴 고구려 사신. 중국 서안 장회태자 무덤 벽화. 7세기. 서안 섬서성박물관. ⓒ김문환

조우관 쓴 고구려 사신. 아프라시압 궁전벽화 복원도. 사마르칸드 아프라시압박물관. ⓒ김문환

조우관 금동장식. 집안출토. 국립중앙박물관. ⓒ김문환

국립중앙박물관에 있는 또 다른 고구려 금동관모장식을 보자. 427년 장수왕이 평양으로 도읍을 옮기기 전까지 고구려의 수도이던 만주 집안에서 발굴됐다. 많이 훼손됐지만, 관 테(臺輪, 대륜)와 그 위에 꽂았던 새 깃털 세움장식 3개가 남았다. 섬세한 잔털도 달린 조우관, 새 깃털 금동관을 이번에는 문헌을 통해 확인해 보자.

고구려 조우관 금동장식 새깃털 무늬. 집안출토. 국립중앙박물관. ⓒ김문환

중국 역사서를 펼친다. 당나라 이연수가 남북조 시대 북조의 선비족 나라 북위, 북제, 북주, 이어 수나라까지 네 나라 역사를 659년 100권(본기 12권, 열전 88권)으로 정리한 『북사(北史)』 94권 열전 고구려조 내용을 보자. "고구려인들이 고깔(弁, 변) 형태의 절풍(折風)을 쓰는데, 사인(士人, 벼슬하지 않은 사람)들은 새 깃털로 장식한다"고 적는다. "귀인(貴人)들은 비단으로 만든 고깔(弁)에 금장식을 붙이는데, 이를 소골(蘇骨)이라 부른다"는 기록도 덧붙인다. 국립중앙박물관의 고구려 금동관 유물 잔해는 소골인 셈이다. 소골 풍습이 백제 무령왕릉 관모 화염무늬 금장식으로 전파된 거다. 신라의 금관, 금동관 역시 고구려 조우관의 소골 영향을 받은 것일까?

고구려와 경상도 새 깃털 금동관

이를 확인해 보기 위해 국립대구박물관으로 가보자. 경북 의성 탑리에서 출토한 금동관은 신라의 '출(出)'자 나뭇가지형 사슴뿔 금동관과 다르다. 새 깃털 형상 3개를 세움 장식으로 꽂았다. 만주 집안에서 출토돼 국립중앙박물관에 전시중인 새 깃털 조우관과 닮았다. 의성은 신라와는 다른 진한(辰韓) 12개 나라 가운데 하나인 조문국의 근거지다. 신라 역시 처음에는 진한 12개 나라 가운데 하나였다. 백제가 고구려 영향으로 비단 관모에 화염무늬 금장식을 사용했다면 진한과 신라 역시 북에서 내려온 고구려 문화의 영향을 받았을 가능성이 높다.

조우관 형태 새 깃털 금동관. 의성 탑리 출토. 고구려 영향. 국립대구박물관. ⓒ김문환

고구려 새깃털 금동관, 신라 새날개 관모장식

국립대구박물관에는 경북 의성 탑리와 경산 임당동에서 출토한 특이한 형태의 금동 관모장식도 눈길을 끈다. 새 깃털에서 발전한 형태의 새 날개 모양이다. 새가 날개를 펴고 나는 모습의 관모장식은 곳곳에서 출토된다. 황남대총 남분과 천마총에서도 순금으로 만든 새 날개 모양 관모장식이 나왔다. 일본 도쿄국립박물관에는 경남 창령에서 출토한 가야의 새 날개 금동 관모장식을 전시중이다. 삼성미술관 리움에서도 새날개 금동관모장식을 볼 수 있다. 왜 새를 활용했는지는 다음 장에서 자세히 살펴본다.

새날개 관모 장식. 삼성미술관 리움. ⓒ김문환

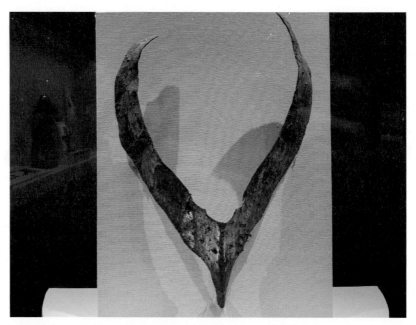

새 날개 금동 관모장식. 의성 탑리 출토. 국립대구박물관. ⓒ김문환

새 날개 은제 관모장식. 경산 임당동 출토. 국립대구박물관. ⓒ김문환

새 날개 금제 관모장식. 황남대총.
국립중앙박물관. ⓒ김문환

새 날개 금제 관모장식. 금관총 출토.
국립경주박물관. ⓒ김문환

고구려 금관 일부, 금동관모… 도굴로 대부분 훼손

고구려에도 금관이 있었을까? 발길을 중국 길림성 집안(集安)시로 돌린
다. 19대 장수왕 15년(427년)까지 고구려의 수도이던 국내성과 환도산성을
둘러본다. 고구려의 피라미드형 적석총은 신라와 백제 위주 고분문화에 익
숙하던 우리에게 한민족 고분문화의 새로운 안목을 키워준다. 한국인이라
면 누구나 가슴 뭉클해지는 고구려의 고분은 우리가 생각하는 그것과는 전
혀 다르다.

시야를 넓힌 한국사 교육이 절실하다. 많은 고구려 유물이 집안 박물관에
서 기다린다. 박물관 2층에는 금 장신구 같은 고구려 황금 유물이 대거 소
장돼 탐방객을 맞는다. 국내에서 신라의 황금유물에만 익숙하던 터라 고구

새 날개 은제 관모장식. 강원도 동해 출토. 국립춘천박물관. ©김문환

새 날개 금동 관모장식. 경남 창령 출토. 국립도쿄박물관. ©김문환

새 날개(일설 나비) 금동 관모장식. 경북 의성 탑리 출토. 국립대구박물관. ⓒ김문환

러의 화려한 황금유물을 접하면서 얻는 충격은 자못 크다. 한민족 황금문화의 원조가 고구려일까? 고구려 금관이 혹시 남아 있을까? 용솟음치는 호기심에 1, 2층 전시실을 돌고 또 돌며 2개의 금관 관련 유물을 찾아냈다.

하나는 2층에 전시중인 금관 대륜으로 보이는 유물이다. 띠 형태의 유물 3개를 모아 놨다. 금관의 일부인지 관모 금장식의 일부인지 세밀한 연구가 필요해 보인다. 또 하나는 고국원왕릉(혹은 광개토대왕릉)으로 추정되는 태왕릉(太王陵)주변에서 출토된 고깔형 금동관모다. 나주 신촌리 금동관의 속모자와 비슷한 용도가 아니었을까 추정해 본다. 원추형 고깔 금동관모에 많은 달개가 달려 화려한 장식미가 돋보인다.

고구려 금관이나 금동관모 문화를 입증할 유물이 왜 이리 적을까? 무덤

집안 태왕릉. ⓒ김문환

집안박물관. ⓒ김문환

고구려 고깔 형태 금동관모. 태왕릉 주변 출토. 집안박물관. ⓒ김문환

구조가 다르기 때문이다. 고구려의 무덤은 신라처럼 적석목곽분이 아니라 지상에 건물처럼 짓는 석실묘다. 전쟁이나 기타 혼란시기에 도굴당하기 쉬운 구조다. 많은 고구려 묘가 도굴당한 탓에 금관이나 금동관모 유물을 제대로 남기지 못한 거다. 5세기 신라는 고구려의 실질적인 속국이었다. 신라는 고구려를 통해 외국으로 사신을 보냈으며 고구려 문물의 절대적인 영향을 받았다. 광개토대왕 비문, 충주 고구려비 비문을 통해 이런 내용을 확인할 수 있다. 그 5세기에 신라에서 금관문화와 금동관 문화가 꽃폈다면 고구려도 그랬을 것이라는 합리적인 추론이 가능하다.

고깔 형태 관을 쓴 소그드인.
태왕릉 주변에서 출토된 고
구려 금동관모와 비슷한 생
김새의 고깔 관.
우즈베키스탄 수도 타쉬겐트
북쪽 카라테페 출토.
3-4세기. 타쉬겐트 박물관.
ⓒ김문환

제2부
기마민족의 금관

6. 신라, 일본, 선비, 훈(흉노)는 왜 새를 금관에?

박, 석, 김씨에서 김씨 왕조로… '금'과 '새'

신라 천년수도 경주로 가보자. 사적16호 월성(月城)이 맞아준다. 5대 파사이사금이 101년 쌓았다니 800년 넘게 신라의 왕성이었다. 파사이사금의 증조할아버지가 신라 시조 박혁거세, 할아버지는 2대 남해차차웅, 아버지

나정. 신라 시조 박혁거세가 알로 등장했다는 우물. ⓒ김문환

계림 비각. 김알지(김씨왕 시조)가 금궤에 담겨 발견됐다는 장소에 세웠다. ©김문환

석탈해(석씨왕 시조)가 표류해 왔다는 아진포에 세운 탄생 강림비. 경주시 양남면. ©김문환

경주 덕천리 고분 출토 새와 오리 토기. 국립중앙박물관. ⓒ김문환

가 3대 유리이사금이다.

박씨 왕조 계보에 고모부인 4대 탈해 이사금이 끼어든다. 석(昔)씨 시조인 탈해 이사금 때 월성 옆 작은 숲 계림(鷄林)의 전설이 피어오른다. 김(金)씨 시조인 김알지가 갓난아기 상태로 금궤에 담겨 나뭇가지에 걸린 채 발견된다. 이때 흰 닭이 크게 울어 닭(鷄)의 숲(林)이라는 '계림' 이름이 붙었다. 탈해 이사금 역시 알로 상자에 넣어져 아진포(경주시 양남면)에 표류해 왔으니, 이질적인 3세력(박, 석, 김 세 성씨)의 대립과 공조 속에 신라역사가 빚어졌음을 알 수 있다.

이 가운데 김씨 성을 주목해 보자. 박씨와 석씨가 주고받던 임금 자리에 13대 미추이사금(재위 262년~284년)이 김씨 최초로 지배자 반열에 오른다. 이어 17대 내물 이사금(재위 356년~402년)부터 52대 효공왕(재위 897년~912년)

까지 500년 넘게 김씨가 왕위를 독차지한다.

김씨 성은 김알지가 '금궤'에서 나와 생겼으니 '금'과 관련된다. 김알지의 계림은 닭, 즉 새가 운 곳이다. '금'과 '새'의 모티프(motif)를 갖고 신라 금관과 기마민족 금관의 연관성을 따져본다. '금'과 '새'가 금관의 역사와 관련한 새로운 영감을 불어 넣는다.

서봉총 고구려 장수왕 그릇, 봉황금관

경주 노서동 고분군의 서봉총으로 가보자. 1921년 주민 손에 우연히 발견된 금관총에서 금관이 출토되자 일제는 1924년 금령총과 식리총을 발굴한다. 이어 1926년 봉분이 완벽하게 남아 있던 서봉총으로 발굴의 손길을 넓힌다. 이때 스웨덴 황태자가 발굴에 참여해 스웨덴의 한자어 '서전(瑞典)'의 '서(瑞)'자를 무덤 이름에 붙인 이유를 앞서 소개했다.

서봉총. 봉분은 깎여 나가 평평하게 터만 남았다. ⓒ김문환

서봉총 표지석. 스웨덴 황태자가 발굴에 참여했다는 내용을 새겼다. ⓒ김문환

서봉총 현장에 세운 발굴 장면 사진. 출토당시 금관의 위치를 알 수 있다. ⓒ김문환

서봉총 금관. 5-6세기. 복제품. 부산 복천박물관. ⓒ김문환

그렇다면 '서봉총'에서 '봉'은? 봉황(鳳凰)을 가리킨다. 피장자가 머리에 쓴 모습으로 발굴된 금관의 달개장식 가운데 새장식이 달렸다. 상서로운 봉황새로 추정해 스웨덴의 '서(瑞)'자와 '봉(鳳)'자를 넣어 서봉총이라 이름 지었다.

서봉총에서는 뜻 밖에 고분의 연대를 알려줄 결정적 단서가 출토된다. '연수원년신묘(延壽元年辛卯)'라는 연대가 적힌 은그릇이다. 신묘년은 서기 391년, 451년, 511년 가운

서봉총 신라금관 봉황장식 달개.
5세기. 복제품. 부산 복천박물관. ⓒ김문환

데 하나다. '연수'라는 연호를 누가 사용했는지 알면 연대가 밝혀지지만 안타깝게도 '연수' 연호를 사용한 왕이나 중국 황제는 알려져 있지 않다.

'대왕'의 명으로 그릇을 만들었다는 기록이 덧붙여져 있으므로 '대왕' 혹은 '태왕' 호칭을 사용한 고구려왕의 연호라고 추정해 볼 수 있다. 학자들은 장수왕 때인 451년을 가장 유력한 연도로 꼽는다. 신라가 고구려 영향력 아래 놓여 있던 시기다. 이제 새를 주제로 한 금(동)관과 관모금장식의 세계를 더 깊이 알아보기 위해 해외로 나가자.

일본 후지노키 고분 금동관의 새

일본의 역사고도 오사카 근교의 카시하라(橿原) 고고학자료관으로 발길을 돌린다. 청동기와 철기문화가 시작되는 야요이시대(기원전 400년~기원후 300년) 만들어진 토기에는 무녀가 하늘을 나는 새로 분장한 모습을 보여준다. 그 앞에 사람들이 엎드려 비는 모습을 담았다. 새가 인간과 신을 연결하는 구도다. 그 새를 일본에서도 금동관에 담았다.

무대를 카시하라에서 그리 멀지 않은 나라(奈良)로 옮겨본다. 고구려 담징이 벽화를 그린 것으로 잘못 알려진 호류지(法隆寺)의 목탑(금당)을 보고 나와 정문에서 오른쪽 방향으로 꺾는다. 3백여m 가면 언뜻 부여나 공주, 경주에서 볼 수 있는 익숙한 봉분이 눈에 들어온다. 후지노키(藤ノ木)고분이

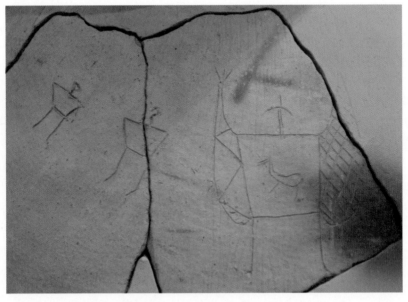

새 분장 무녀를 새긴 토기. 야요이시대. 카시하라 고고학자료관 ©김문환

새 분장 무녀를 복원한 장면. 카시하라 고고학자료관 ⓒ김문환

다. 지름 48m, 높이 9m로 제법 크다. 옆으로 굴을 파고 돌로 방을 만든 횡혈식 석실묘(橫穴式石室墓, 굴식 돌방묘)다.

1985년 7월 고고학자들이 발굴에 나섰다. 내부로 들어가니 길이 235㎝, 너비 126㎝, 높이 154㎝의 큼직한 석관이 나왔다. 3년 준비 끝에 1988년 7월 석관에 지름 8㎜의 구멍을 뚫고, 내시경을 넣어 내부를 살핀 뒤 뚜껑을 열었다. 안에 무엇이 들었을까? 고구려에서 시작돼 한반도 전역으로 퍼졌던 금동신, 마구(馬具), 구슬을 비롯한 1500여점의 부장품이 쏟아졌다. 무덤 앞에 안내판을 큼직하게 설치해 다양한 사진자료와 함께 고분의 성격과 유물을 일목요연하게 설명해준다. 그중 하나가 금동관이다.

후지노키 고분. 신라나 가야, 백제에서 보는 봉분과 똑같다. 일본 나라현. ⓒ김문환

후지노키 고분 석관의 내부를 복원한 모습. 나라 반구문화재센터. ⓒ김문환

후지노키 고분 석관 내 금동관 복원 보습. 머리에 씌운 모습이 아니라 구석에 부장품으로 세웠다. 나라 반구문화재센터. ⓒ김문환

후지노키 고분 금동관을 편 모습. 후지노키 고분 현장 전시 사진. ⓒ김문환

후지노키 고분 금동관. 551년~571년. 복원품. 카시하라 고고학자료관. ⓒ김문환

후지노키 고분 금동관의 새 장식. 551년~571년. 복원품. 카시하라 고고학자료관. ⓒ김문환

다시 카시하라 고고학자료관으로 가자. 일본에서 유일하게 발굴된 금동 관은 밑에 원형의 테, 대륜(臺輪)이 있고, 그 위로 커다란 두 그루의 나무를 세움 장식으로 달았다. 신라나 가야와 같은 초화형이다. 무성하게 뻗은 나뭇가지에 동그란 달개를 무수히 달고, 그 위에 여러 마리의 새를 앉혔다. 신라 서봉총 금관의 나뭇가지에 앉은 봉황과 판박이다. 무덤이 551년에서 571년 조성된 것으로 밝혀져 5세기 중반으로 추정되는 신라 서봉총 금관보다는 100여년 늦다.

내몽골 초원 선비족 금관의 새

신라 금관과 일본 금동관의 새를 머리에 담고 이제 대륙으로 간다. 중국 내몽골자치구의 주도인 호화호특(呼和浩特) 내몽골박물원은 몽골초원을 기반으로 활동하며 중국 한족과 교류하거나 전쟁을 치렀던 기마민족들의 유물이 다수 소장돼 있다.

훈족(흉노족)과 훈족이 물러난 자리를 차지한 선비족의 다양한 유물이 기다린다. 내몽골 통료(通遼)시에서 출토한 선비족 금관 장식에 눈길이 고정된다. 아쉽게도 실물이 아닌 사진이지만, 탐방객의 시선을 사로잡는 이유는 관모 꼭대기에 앉은 큼직한 새 때문이다. 봉황 금장식이라는 안내문구에 새삼 놀란다. 선비족의 관모 새 장식, 고구려의 새 깃털 관모장식, 신라의 새 장식 금관, 일본의 새 장식 금동관. 일관되게 흐르는 맥이 집힌다. 이것이 전부가 아니다.

通辽市科左后旗哈拉乌素出土
凤鸟形金步摇冠饰

辽宁省北票房身2号墓出土
花树状金步摇

사진 왼쪽 새는 선비족 관모에 부착하던 봉황 금장식이다.
4-5세기. 호화호특 내몽골박물원. ©김문환

기마민족의 상징 훈(흉노)족의 새 장식 금관

호화호특 내몽골박물원은 선비족의 봉황 금장식을 사진으로만 봐야했던 아쉬움을 한 번에 날려버릴 멋진 금관을 탐방객에게 선물로 내놓는다. 흑백 사진으로 본 통료 출토 선비족 봉황 금장식과 닮은 실물 금관이 찬란하게 빛난다. 휘황한 금빛에 눈이 번쩍 뜨인다. 머리를 옥으로 만든 새장식 금관은 뛰어난 조형미와 예술성을 선보인다. 새의 종류는 매다.

내몽골 기마민족 활동의 중심지 오르도스(鄂尔多斯, 악이다사)에서 출토된 이 금관도 선비족이 만든 것일까? 시기가 훨씬 앞선다. 전국시대 (기원전 403년~기원전 221년)다. 선비족에 앞서 기원전 3세기에서 기원후 3세기까지 600여년 몽골초원에서 활약했던 훈족(흉노족) 금관이다. 새를 모티프로 하는 기마민족의 금관 제작 풍습이 훈족에서 선비족으로 전파됐음을 보여준다. 훈

머리를 옥으로 만든 매 장식 훈족 금관. 내몽골 오르도스 출토. 전국시대.
기원전 4세기~기원전 3세기. 호화호특 내몽골박물원. ⓒ김문환

한나라 무제 무덤인 무릉의 배장 갱에서 발굴한 오리와 닭 모양 토기.
기원전 1세기. 서안 무릉 박물관. ⓒ김문환

족이 새를 소재로 금관을 만들 때 중국은? 한 무제 무덤 배장 갱을 발굴한
결과 새나 오리 토기가 다수 나왔다. 한족은 금관을 만들지 않았으니 새모
양 토기를 빚어 무덤으로 가져 간 거다.

금관 만들던 훈족, 로마 침공해 금 배상금 받아

호화호특 내몽골박물원에서 훈족의 금관을 하나 더 만난다. 오르도스에
서 북동쪽으로 멀리 떨어진 내몽골 오란찰포(烏蘭察布)에서 출토됐다. 나뭇
가지와 나뭇잎, 꽃을 섬세하게 표현하고 옥(비취) 같은 보석을 넣어 미적 감
각을 높였다. 주인공은 서한(기원전 206년~8년) 시기 훈족이다.

초화형(草花型) 금관이라는 점에서 신라나 가야 금관과 맥이 닿는다. 형태

나뭇잎과 꽃을 소재로 한 초화형 훈족 금관. 기원전 2-1세기.
호화호특 내몽골박물원. ⓒ김문환

는 저 멀리 에게해 연안 그리스 금관과 비슷하다. 이 대목은 뒤에 다시 자세히 다룬다. 흔히 훈족이라면 몽골초원에서 무력으로 중국을 침략하던 변방 국가를 떠올린다. 하지만, 훈족이 남긴 세련된 황금유물과 금관은 금을 보석으로 취급하지 않던 중국문명과 차별화되는 공예문화 수준을 보여준다.

한족, 선비족과의 대결에서 밀려 몽골초원을 떠난 훈족이 중앙아시아를 거쳐 3~4세기 흑해 주변에 이른다. 이들이 동유럽으로 이동하기 전 이곳에 남긴 금관의 일부를 우크라이나 수도 키예프의 라브라보물관에서 만난다. 놀라움 자체다. 대륙을 가로지르는 기마민족의 광활한 활동 범위에 말문이 막힌다.

헝가리를 중심으로 제국을 세웠던 훈족은 5세기 로마제국을 침공해 유린

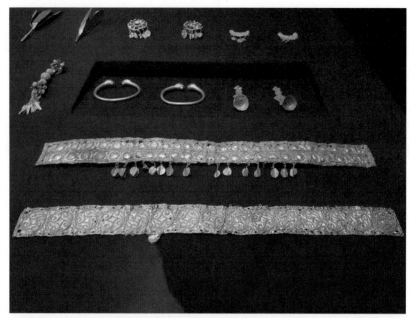

훈족 금관 대륜 2개. 위에 팔찌와 귀걸이도 보인다. (위) 훈족 금관 대륜. 달개를 달았고, 누금기법을 썼다. (아래) 기원전 2-1세기. 호화호특 내몽골박물원. ⓒ김문환

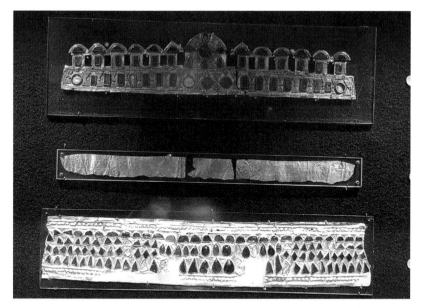

훈족 금관 일부. 맨 윗줄 대륜 위 세움장식은 신라 교동금관 세움장식과 일견 비슷한
모습을 보여준다. 4-5세기. 우크라이나 키예프 라브라보물관. ⓒ김문환

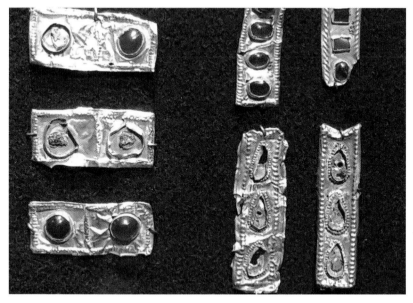

훈족 금 유물 일부. 4-5세기. 우크라이나 키예프 라브라보물관. ⓒ김문환

한다. 강화조약에서 막대한 금을 배상금으로 받고 군대를 물린다. 금을 소중히 여기던 기마민족의 모습을 잘 보여준다. 흑해에서 발굴된 훈족의 금관 대륜을 자세히 보자. 대륜 위 세움장식은 신라 초기 금관인 교동금관의 세움장식과 유사한 모습이다. 금을 중시하고 새, 초화 모티프의 금관을 만들던 훈족의 풍속은 어디서 유래한 것일까?

이에 앞서 훈족의 인류학적 특성부터 살펴보자. 지금은 사라진 민족이지만, 훈족이 남긴 유물을 통해 몽골초원 기마민족의 원류 훈족의 정체성을 살펴보는 게 가능하다. 훈족의 터전은 몽골초원이다. 현재 몽골 인구는 고작 316만여 명에 불과하다. 부산시 인구 342만여 명보다 적다. 하지만, 국토는 남한보다 무려 15배나 넓다. 광활한 국토는 21개 아이막이라는 행정구역으로 나뉜다. 우리네 도에 해당한다. '아이막'은 고대 몽골어와 투르크어에서 '부족'이라는 뜻이었지만, 지금은 행정구역을 가리킨다. 수도 울란바토르를 감싸고 있는 아이막을 투브 아이막이라고 부른다. 투브 아이막에서 출토된 기원전 1세기에서 1세기 훈족 무덤 출토유물을 몽골 역사고고학 연구소가 소장하고 있다.

2018년 국립중앙박물관에서 이들 유물을 들여와 특별전을 열었다. 눈길을 끈 것은 훈족 카펫이다. 여기에 건장한 남성들이 묘사돼 있기 때문이다. 말을 탄 훈족 기사로 보이는 이들은 건장한 체격에 눈과 코 등 이목구비가 큰 전형적인 백인종의 특색을 지녔다. 몽골 초원에서 발굴되는 고대 무덤 유골의 상당수가 백인이라는 대목과 일치한다. 하지만, 달리 생각해볼 여지도 있다. 카펫 원단은 서아시아산이다. 가능성은 두 가지. 서아시아 직물을 들여다 훈족이 카펫을 짰거나, 완제품 카펫을 수입한 거다. 전자라면 훈

훈족 카펫에 등장하는 인물.
투브 아이막 출토. 기원전 1세기
~1세기. 몽골 역사고고학 연구소.
2018년 국립중앙박물관 특별전
ⓒ김문환

족은 100% 백인이고, 후자라면 훈족이 백인일 가능성을 확인시킬 결정적인
유물은 아니다.

중앙아시아 카자흐스탄 사카족 관모 새 금장식

중앙아시아 카자흐스탄으로 탐방을 이어간다. 오랜 세월 카자흐스탄의
정치경제중심지였던 알마티 동쪽 49㎞ 지점에 이식 쿠르간(Issyk kurgan)이
자리한다. 봉분이란 뜻의 쿠르간(kurgan)이란 말에 어울리게 마치 신라의
경주 대릉원이나 백제의 부여 능산리, 공주 송산리, 가야의 고령이나 합천
에 온 것처럼 큼직한 봉분이 집단을 이룬다.

낯선 땅에서 낯익은 무덤 풍경에 흥분된 감정으로 이식 쿠르간 박물관으
로 들어가면 더욱 놀란다. 아키셰프를 단장으로 한 소련 고고학팀이 1969년
이곳 쿠르간에서 발굴한 4천여 점의 금유물이 찬란한 빛을 발하기 때문이
다. 비록 대부분 복제품이란 것을 알고 난 뒤에는 다소 허탈해지지만… 진
품은 수도 아스타나 카자흐스탄 국립박물관과 알마티박물관으로 옮겨 전시

이식 쿠르간 고분군 파노라마. 기원전 4세기~기원전 3세기. 카자흐스탄. ⓒ김문환

중이다.

황금유물은 무덤 피장자의 모자와 옷을 꾸며주던 장식품이다. 온몸을 금으로 뒤덮은 것이나 마찬가지여서 '황금인간'이라고 부른다. 황금인간의 모자장식을 보자. 솟대형식의 새장식이 눈에 들어온다. 고깔형태 고구려 금동관처럼 생긴 관모 제작의 주역은 사카(Saka)족이다. 중국에서는 색(塞)이라 부른다. 흑해 연안에서 출발한 기마민족 스키타이가 중앙아시아로 이동해 현지화한 민족을 가리킨다.

황금인간 복원상.
기원전 4세기~기원전 3세기. 알마티박물관.
ⓒ김문환

관모 새장식. 솟대 모양의 금장식을 붙였다. 기원전 4세기~기원전 3세기. 알마티박물관. ©
김문환

흑해 연안 스키타이 누금기법 새 귀걸이… 새는 신의 중재자

비록 금관이나 관모 금장식은 아니지만, 금 혹은 금동, 청동으로 만든 새
장식은 중앙아시아와 시베리아, 멀리 흑해연안까지 다양하게 나타난다. 우
크라이나의 수도 키예프 라브라보물관에 가면 인류사 기마민족의 원조라고
부를 수 있는 스키타이의 유물이 즐비하다.

스키타이는 금을 소중히 여겼다. 스키타이는 태양을 숭배했는데, 이글거
리는 태양을 닮은 찬란한 빛의 금은 곧 태양을 가리킨다. 스키타이는 빼어난
세공기술로 다양한 금유물을 빚어낸다. 신라나 백제 금유물에서도 나타나는
누금기법의 스키타이 새 귀걸이는 금유물의 백미다.

거울 위 수탉. 기원전 4~기원전 3세기. 카자흐스탄 북동부 알타이 산맥 지대 베렐 출토.
아스타나 카자흐스탄 국립박물관. ⓒ김문환

청동 새조각. 기원전 6~기원전 3세기. 알타이 공화국 출토. 모스크바역사박물관. ⓒ김문환

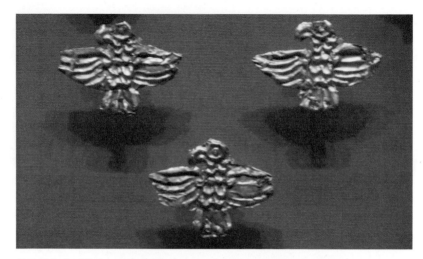

황금 독수리. 기원전 6~기원전 5세기. 몽골 초원 북부 시베리아 투바 공화국.
에르미타주박물관. ©김문환

스키타이 새 귀걸이. 기원전 4세기. 신라와 같은 누금 기법으로 만들었다.
키예프 라브라보물관. ©김문환

새모양 토기. 기원전 8세기. 아나톨리아 고르디온 유물. 앙카라 아나톨리아문명박물관.
ⓒ김문환

　유라시아 대륙에서 새를 신의 세계와 연계시키는 개념은 고대 이집트와 페니키아 문명에 뿌리를 둔다. 고대 이집트인들은 사람이 죽으면 '바'라고 불리는 영혼이 새의 형상으로 변한다고 믿었다. 페니키아인들 역시 망자의 영혼은 새로 변해 저승으로 날아간다는 믿음을 가졌다.

　페르시아에서는 사후세계로 가는 시신의 살점을 새에게 바쳤다. 메소포타미아나 그리스의 신관들은 날아가는 새의 날갯짓을 통해 길흉화복을 점쳤다. 하늘을 나는 새는 인간을 신과 연결시켜 주는 중재자였다. 인간의 영혼, 신의 뜻을 담는 새를 조각으로 만들어 무덤에 넣는 풍습이 자연스러운 이유다. 새를 모티프로 한 귀걸이나 금장식, 금관도 마찬가지다.

7. 몽골초원 선비족도 사슴뿔 금관 장식?

가야, 마한, 신라, 일본에서 나타나는 샤머니즘과 사슴

국립중앙박물관 가야전시실로 가보자. 회색 토기 한 점이 눈에 들어온다. 짧은 목항아리[短頸壺]의 목 부위를 눈여겨 바라본다. 큼직한 뿔 달린 사슴 두 마리가 일견 앙증맞다. 지금까지 발굴된 고대 한국사의 유일한 사슴

가야 사슴 조각 토기. 국립중앙박물관. ⓒ김문환

가야 사슴뿔 관모장식. 김해 대성동 고분박물관. ⓒ김문환

관련 토기다. 토기 말고 고대의 사슴뿔을 직접 볼 수는 없을까? 금관가야의
중심지 김해로 발길을 돌린다.

김해 대성동 고분박물관에 가면 가야 고분에서 출토한 큼직한 사슴 뿔 장
식이 탐방객을 맞는다. 이 사슴뿔은 무슨 용도로 쓰였을까? 약탕기에 넣을
한약재는 아닐 테고… 전라남도 광주의 전남대학교박물관으로 무대를 옮겨
답을 찾는다. 마한 지역 고인돌과 적석총에서 발굴한 유물 등을 근거로 복
원한 마한 제사장 추정 복원도가 눈에 띈다. 쇠로 만든 작은 종을 주렁주렁
매달고, 구리거울을 찼으며 손에 가지방울과 지팡이를 들었다. 유라시아 초
원지대 유물과 교집합이 크다. 시선을 머리로 올려보자. 사슴뿔 관을 썼다.
김해 대성동 고분박물관에서 보던 사슴뿔과 같다. 사슴뿔이 주술(呪術)의
샤머니즘과 관련 있다는 의미다.

마한 제사장 사슴뿔 관. 복원도. 전남대학교박물관. ⓒ김문환

신라 사슴뿔 금관. 황남대총 북분 출토. 국립중앙박물관. ⓒ김문환

가야 사슴 제물. 복원. 합천 박물관. ⓒ김문환

사슴뿔과 샤머니즘을 머리에 담고 이번에는 대가야 영역이던 합천 옥전
동 합천박물관에서 사슴탐방을 이어간다. 옥전동 고분을 그대로 재현해 놓
은 장면에 시선이 멈춘다. 토기와 무기류, 마구류에 이어 큼직한 뿔 달린 사
슴 한 마리가 제물로 올라왔다. 제사와 장례의식에 신성한 사슴을 바쳤다는
해석이 가능하다.

이런 풍습은 일본에서도 나타난다. 오사카 근교 카시하라 고고학자료관
으로 가면 사슴을 그린 토기 옆으로 제사의식을 재현한 모형이 흥미를 자아
낸다. 가운데 신령스런 신단수가 자리하고 제사장 주관으로 하늘에 제를 올
린다. 제물을 보자. 다양한 음식이 담긴 용기 맨 앞에 커다란 뿔 달린 사슴
한 마리가 놓였다. 사슴을 무덤에 넣거나 하늘제사에 사용하는 가야와 일
본, 사슴뿔 관을 쓴 마한 제사장, 사슴뿔 금관의 신라를 기억하며 무대를 대

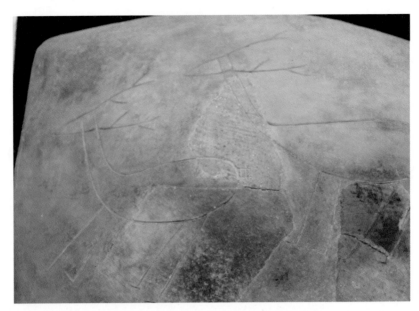

일본 사슴 무늬 토기. 야요이 시대. 카시하라 고고학자료관. ⓒ김문환

일본 야요이 시대 사슴 제물. 복원. 카시하라 고고학자료관. ⓒ김문환

류으로 옮겨보자.

선비족 사슴뿔과 나뭇가지 소재로 한 관모 금장식

중국 북경의 천안문광장에 있는 국가박물관은 동아시아 문화의 정수를 담은 독보적인 가치를 지닌다. 1949년 장개석 정부가 당시까지 출토된 많은 유물을 갖고 대륙에서 대만으로 갔지만, 이후 출토된 주요 유물들은 이곳에 시대별로 잘 정리돼 있다. 한족 뿐 아니라 주변 기마민족 유물도 탐방객을 맞는다.

한나라가 무너진 뒤, 위진남북조시대(221년~589년) 황하 유역(한족 중심부)을 장악했던 선비족 유물로 눈길을 돌린다. 선비족은 몽골초원과 만주 북부에서 성장해 중국을 장악한 기마민족이다. 선비족이 내몽골 북쪽 지역 포두(包頭)시 서하자촌 무덤에 남긴 2개의 관모 금장식은 놀랍게도 사슴머리다. 뿔만 넣은 신라 금관과 달리 사슴얼굴과 뿔을 나뭇가지와 함께 담았다. 사슴 얼굴에는 에메랄드 보석을 박고, 뿔 위 나뭇가지에 잎사귀 형태 금달개를 여럿 달았다. 나뭇가지 초화형(草花型), 사슴뿔 모티프가 신라 금관과 겹친다.

중원지방에 한족의 지배가 끝나고 북방 기마민족의 5호 16국 시대 세워진 북연(北燕, 407년~436년)을 눈여겨보자. 선비족 후연을 물리치고 고구려 출신 고운이 세웠지만, 국민은 여전히 선비족이 주를 이룬다. 북연의 귀족인 풍소불(馮素弗) 부부묘가 고고학계의 관심을 모은다. 415년 만들어진 것으로 확인된 무덤 안에 기마민족의 상징인 각종 마구는 물론 로마유리에 관모 금장식들이 쏟아졌다. 마구, 로마유리, 금관(관모 금장식)이란 대목에서

선비족 관모 금장식1. 사슴얼굴에 사슴뿔 형태 나뭇가지 장식. 4-5세기.
북경국가박물관. ©김문환

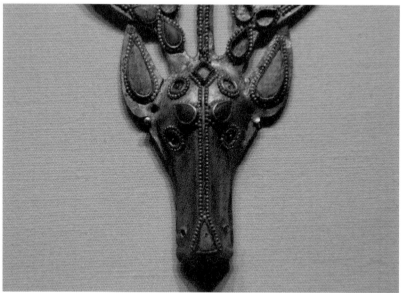

선비족 관모 금장식2. 사슴얼굴에 사슴뿔 형태 나뭇가지 장식. 사슴 얼굴이 더 크다.
4-5세기. 북경국가박물관. ⓒ김문환

선비족과 신라가 하나의 풍습으로 엮인다.

모용(慕容)씨 선비족이 고구려와 갈등하며 전쟁을 치른 것과 달리 훗날 탁발(拓拔)씨 선비족이 세운 북위는 고구려와 화친한다. 5세기 신라가 당시 후건국 고구려를 통해 선비족 북위와 접촉했을 가능성을 배제하기 어렵다. 선비의 황금문화가 남하해 한민족에게 영향을 미친 것일까?

선비족, 1세기~6세기 동아시아 500년 강대국

기원전 3세기 말 훈(흉노)족은 북만주와 내몽골 초원의 동호(東胡)를 멸망시킨다. 이후에 동호로부터 선비(鮮卑)와 오환(烏桓)이 갈라져 나온다. 훈족 지배 아래 있던 선비는 1세기 들어 세를 불린다. 선비는 41년과 45년 훈, 오환과 함께 한나라 영역을 침범한다. 54년 반대로 한나라 광무제에게 조공을 바친다. 87년 훈족을 공격해 훈족 지도자인 선우를 잡아 가죽을 벗겨 전리품으로 삼을 만큼 잔인한 면모를 지닌다.

선비족은 95년 연맹형태의 국가를 만들고 점차 힘을 키우더니 155년 흉노를 멸망시킨다. 이어 남하 정책을 펴 몽골초원에서 중국 중원지방으로 내려온다. 이때 한반도를 거쳐 일본까지 원정했다는 설도 나온다. 2세기 말 이후 북방초원은 사실상 선비족이 장악했고, 동아시아 전역으로 원정을 떠난다. 선비족의 말이 훈족의 말보다 빨랐고, 철제무기는 더욱 강력했던 것으로 보인다.

3세기 중엽 이들은 4개 부족으로 갈린다. 기마문화에 한족문화를 접목하며 중심무대를 섬서성, 감숙성, 하북성, 하남성의 화북과 중원지역으로 넓힌다. 마침내 탁발 부족의 북위(北魏)가 중원을 장악하며 589년 한족의 수나라가 중국을 통일 할 때까지 북만주에서 몽골초원, 중원, 서역에 이르는 대제국을 유지한다. 95년부터 500년 가까이 동아시아 최강대국 위세를 떨치며 각국 문화형성에 지대한 영향을 미친다. 불교가 그 본보기다.

선비는 불교에 심취해 인류사에 길이 남을 찬란한 불교문화를 꽃피운다. 동시에 기마민족 특유의 황금문화를 발전시키는데, 그중 대표적인 것이 관모 금장식이다. 머리를 금으로 장식하는 문화는 선비족 때 절정을 이룬다. 선비족 관모 금장식의 핵심소재가 바로 사슴뿔과 나뭇가지다. 이런 문화가 고구려에 전달되고, 고구려에서 신라와 가야로 전파됐을 가능성을 그려본다. 또 선비족 일파가 고구려를 거쳐 직접 한반도 남부로 내려와 가야나 신라의 황금문화를 일군 지배세력이 됐을 가능성도 배제할 수 없다. 활동반경

사슴 조각. 감숙성 출토. 전국시대 기원전 475년~기원전 221년. 난주 감숙성 박물관. ⓒ김문환

앉아 있는 사슴 조각. 내몽골 오르도스 출토. 전국시대 기원전 475년~기원전 221년.
호화호특 내몽골 박물원. ⓒ김문환

서 있는 사슴 조각. 내몽골 오르도스 출토. 전국시대 기원전 475년~기원전 221년.
호화호특 내몽골 박물원. ⓒ김문환

사슴 조각. 내몽골 이극소맹 회격얼치 출토.
전국시대 기원전 475년~기원전 221년.
호화호특 내몽골 박물원. ⓒ김문환

사슴 조각. 섬서성 유림(내몽골 접경지역)
출토. 한나라 기원전 3세기~기원전 1세기.
서안 섬서성 박물관. ⓒ김문환

이 넓은 기마민족 선비족이 서쪽으로 중앙아시아 접경까지 진출한 상황에서 동쪽으로 지척인 신라, 가야로 이동했을 가능성을 낮춰보는 것은 합리적이지 않다.

신라 '마립간'과 선비족 '카간' 호칭, 금관의 공통점

무대를 황남대총과 천마총이 자리한 경주 대릉원으로 옮겨보자. 대릉원을 비롯해 경주에서 출토된 금관 6개의 제작시점은 5세기-6세기 초반으로 추정된다. 이 시기 신라 지배자의 호칭이 무엇이었는지 따져보자. 신라 초대 박혁거세는 '거서간', 2대 남해는 '차차웅', 3대 유리부터는 '이사금'으로 불렸다. 이후 4번째 호칭이 마립간(麻立干)인데 언제부터 쓰였는지 기록에

약간 차이가 보인다.

1145년 김부식이 대표 집필한 현존 국내 최고(最古) 역사책『삼국사기』는 19대 눌지 마립간(재위 417년~458년), 20대 자비 마립간(재위 458년~479년), 21대 소지 마립간(재위 479년~500년), 22대 지증 마립간(재위 500년~514년) 4명이라고 적는다. 지증 마립간이 호칭을 중국식 왕(王)으로 바꾼 이후 왕 호칭이 굳어진다. 하지만, 일연이 1281년 쓴 것으로 추정되는『삼국유사』는 17대 내물 마립간(재위 356년~402년, 이후 김씨 세습왕조), 18대 실성 마립간(재위 402년~417년)의 2명을 더 붙여, 마립간 호칭을 6명으로 기록한다.

여기서 2가지를 짚고 넘어가자. 먼저,『삼국사기』와『삼국유사』어느 기록을 따르든 금관 출토 시기가 마립간 시기와 겹친다는 점이다. 금관은 마립간 시기 유물인 거다. 둘째, 마립간 호칭의 기원이 금관의 기원과도 연계된다. '마립간'의 '간(干)'은 몽골초원 기마민족의 지도자 호칭인 '칸(汗, Khan)'과 상통한다.

'칸'호칭은 언제 처음 사용됐을까? 기원전 3세기 이후 중국 사서에 등장하는 몽골초원 기마민족 훈(흉노)의 지도자는 '선우(單于)'로 불렸다. 훈족에 이어, 몽골 초원을 장악한 선비족 북위(北魏)의 3대 군주 태무제(太武帝, 재위 423년~452년)의 제사 문장에 '카간(可寒)'이라는 호칭이 처음 나온다. 이후 '칸'이 유라시아 기마민족 지도자 호칭으로 자리 잡는다. 김부식의『삼국사기』에 마립간 호칭을 처음 사용했다고 기록되는 눌지 마립간(재위 417년~458년) 시기는 선비족 북위의 태무제(423년~452년) 재위기간과 거의 맞물린다. 신라 '마립간'과 선비족 '카간' 호칭, 나아가 '사슴뿔'과 '새' 모티프 금관 장식에서 금관의 기원을 추정하는 단서가 보인다.

훈족 사슴 조각. 새와 사슴이 엉켜 있는 모습. 몽골 초원. 기원전 3세기~기원전 1세기.
몽골 카라코룸 박물관. ©김문환

돌궐(투르크) 사슴 은 조각. 몽골초원. 7세기. 울란바토르 국립 역사박물관. ©김문환

8. 중앙아시아 사카족도 사슴뿔 관모 금장식?

시베리아 알타이 파지리크 적석목곽분+사슴뿔 관

탐방 무대를 이제 대륙 깊숙한 지역으로 옮겨보자. 시베리아와 중앙아시아에서 발굴한 유물들은 러시아 상트페테르부르크 에르미타주박물관에 주로 전시중이다. 과거 소련 시절 이 지역이 소련에 포함돼 있었고, 그때 발굴된 주요 유물을 문화수도이던 상트페테르부르크로 가져갔다. 에르미타주박물관은 중앙아시아와 시베리아, 몽골초원에서 출토한 유물을 간직한 명소다.

중국, 몽골, 카자흐스탄, 러시아에 걸친 알타이산맥의 러시아쪽 땅 알타이 공화국 유물은 우리에게 더 특별한 의미를 안긴다. 한국어가 알타이 어족에 속하기 때문이다. 알타이 산맥 일대에서 쓰던 말이 우리민족에 전파됐다는 역사적 사실을 되새기며 알타이 공화국 파지리크(Pazyryk) 유적을 살펴보자. 1929년 소련의 그랴즈노프팀은 해발 1650m의 파지리크강 계곡에서 거대한 적석목곽분을 찾아낸다. 신라의 적석목곽분과 같은 형태다. 1947년 역시 소련의 루덴코팀이 4기를 추가로 밝혀내 모두 6기의 거대 봉분형 적석목곽분을 발굴했다.

이 가운데 5호 쿠르간(Kurgan, 봉분형 고분)에서 출토한 기원전 5세기에서

사슴뿔 관을 쓰고 있는 반인반마(半人半馬) 형상 인물. 알타이 공화국 파지리크 출토 카펫 무늬. 기원전 5세기~기원전 4세기. 상트페테르부르크 에르미타주박물관. ⓒ김문환

사슴뿔 관을 쓰고 있는 반인반마 인물이 사슴뿔 관을 쓴 새와 손을 잡고 있는 카펫 디자인. 기원전 5세기~기원전 4세기. 상트페테르부르크 에르미타주박물관. ⓒ김문환

기원전 4세기 카펫이 에르미타주박물관에서 탐방객을 맞는다. 카펫에 그리스 문명 켄타우로스(반인반마, 半人半馬)처럼 하반신은 말이요 상반신은 사람, 등에 날개를 단 신성한 인물이 나온다. 큰 눈과 높은 코로 볼 때 주인공은 백인이 틀림없다. 시베리아를 그 먼 어딘가로 생각하기 쉽지만 그렇지 않다. 지리적으로는 유럽과 아시아를 가르는 경계인 우랄 산맥 동쪽 땅을 시베리아라고 부른다.

우랄 산맥 동쪽 바로 옆에 붙은 지방은 서시베리아. 거기서 동쪽으로 동시베리아, 여기서 다시 태평양쪽으로 극동 이렇게 3개 지역으로 나뉜다. 몽골 초원 바로 위 동시베리아의 경우 한국에서 생각보다 멀지 않다. 서시베리아와 동시베리아의 남부를 제외한 나머지 지역은 농경이 불가능하다. 겨울이면 극한 추위가 찾아와 대규모 취락이나 문명이 꽃피기 어렵다. 중국, 몽골초원과 접하고 있는 알타이 공화국 파지리크 출토 반인반마 인물의 특징은 무엇일까? 머리에 쓴 커다란 사슴뿔 관이다. 카펫에는 새도 등장하는데, 역시 머리에 사슴뿔 관을 썼다.

적석목곽분+사슴뿔 관의 주인공… 스키타이 혹은 월지

사슴뿔 관과 새를 모티프로 카펫을 만든 주인공은 흑해연안에서 이동해온 스키타이라는 설과 기마민족의 하나인 월지(月氏)라는 설로 나뉜다. 스키타이는 흑해 연안에 기반을 둔 페르시아 계열 백인종이고, 월지는 알타이

사슴 무늬 카펫. 현존하는 가장 오래된 양모카펫. 2㎜ 크기 매듭 125만개.
기원전 5세기~기원전 4세기. 상트페테르부르크 에르미타주박물관. ⓒ김문환

말머리+사슴뿔 굴레1. 알타이 파지리크 출토 기원전 5세기~기원전 4세기.
상트페테르부르크 에르미타주박물관. ⓒ김문환

말머리+사슴뿔 굴레2. 파지리크 출토 기원전 5세기~기원전 4세기.
상트페테르부르크 에르미타주박물관. ⓒ김문환

그리핀. 사슴뿔과 날개. 파지리크 출토 기원전 5세기~기원전 4세기.
상트페테르부르크 에르미타주박물관. ©김문환

산맥과 중국 서부 신장 위구르 자치구의 타클라마칸 사막 유역에 살던 페르시아계열 백인종이다. 그러니, 스키타이와 월지의 뿌리는 같다. 기원전 2세기 말 한나라 무제가 훈족에게 공동대응하기 위해 장건을 사절단으로 보내 제휴를 맺고자 했던 민족이 월지다. 파지리크 고분의 주인공을 중국에서는 스키타이의 영향을 받은 월지라고 보지만, 러시아는 스키타이라고 본다. 어느 쪽이든 스키타이가 사슴이나 그리핀처럼 뿔 가진 동물을 신성시한 사실, 그리고 스키타이가 이 지역까지 진출해 직접 정착하거나 월지에게 문화를 전한 사실은 흔들리지 않는다.

파지리크 카펫은 어떻게 2400년 넘는 세월 동안 썩지 않고 보존될 수 있었을까? 시베리아 극한 추위가 비결이었다. 장례식을 치르고 묻은 의복이나 섬유 제품에 빗물이 흘러 얼어붙은 뒤, 동결 상태로 땅 속에서 수 천 년을

사슴 조각. 파지리크 출토 기원전 5세기~기원전 4세기.
상트페테르부르크 에르미타주박물관. ⓒ김문환

이어져 내려온 거다. 이렇게 살아남은 사슴 무늬 카펫에 당대 화려했던 문화상이 고스란히 담겼다. 지구상에서 지금까지 발굴된 가장 오래된 양모 카펫은 2㎜크기의 매듭 125만개로 만들어졌다.

기마민족이었던 만큼 사슴과 함께 말 관련 유물도 도드라진다. 죽은 말의 머리 가죽을 벗겨 말린 뒤, 그 위에 큼직한 사슴뿔 장식을 단다. 얼핏 뿔 달린 말처럼 보이는 신비한 조합에 기마민족의 말+사슴 숭배 문화가 엿보인다. 또 하나 특징은 하늘을 나는 날개를 덧붙인다는 점이다. 앞서 신의 세계와 중재자인 새의 면모를 들여다봤다. 빠른 말과 고귀한 사슴뿔, 여기다 신을 상징하는 새 날개. 그리스 신화 속 날개달린 천마 페가수스나 그리핀을 닮았다. 스키타이는 그리스와도 접했다.

시베리아 투바공화국의 적석목곽분+황금 사슴

　알타이공화국 오른쪽 옆이자 몽골초원 북쪽은 러시아에서 투바공화국으로 불린다. 지금이야 국경이 몽골과 러시아, 중국으로 갈리지만, 당시에는 하나의 초원일 뿐이었다. 말을 타고 한없이 달리며 이동할 수 있는 동일 문화권이다. 투바공화국 아르잔 2지구에서 2003년 기원전 7세기 적석목곽분이 발굴됐다. 몽골초원과 시베리아에서 발굴되는 적석목곽분은 신라 경주에서 집중적으로 5세기 나타났던 적석목곽분과 똑같은 생김새와 구조다. 황금유물과 사슴 관련 유물이 나오는 것도 마찬가지다.

　아르잔 2지구 적석목곽분의 봉분은 직경 80m에 높이 2m다. 황남대총 2개 봉분(남북분)의 통합 직경이 120m 정도이니 비슷한 크기

사슴 황금조각. 알타이 옆 투바 공화국 아르잔 2지구. 기원전 7세기.
아스타나 국립 카자흐스탄 박물관 ©김문환

산양 청동조각. 시베리아. 기원전 8세기~기원전 3세기. 상트페테르부르크 에르미타주 박물관. ©김문환

사슴 청동조각. 시베리아. 기원전 8세기~기원전 3세기. 상트페테르부르크 에르미타주 박물관. ©김문환

다. 수많은 잔돌 아래 얼어붙은 목곽에서 20개에 이르는 황금유물이 쏟아졌다. 사슴 황금조각은 대표적인 출토품이다. 에르미타주박물관에 주로 유물이 보관돼 있고, 일부는 투바공화국 수도 키질의 박물관에 전시돼 있지만, 뜻밖에 카자흐스탄(북부는 시베리아 영역) 수도 아스타나박물관에도 전시중이다. 파지리크와 아르잔의 시베리아 사슴뿔 관이나 황금사슴이 초원 기마민족의 특징이라는 점을 머리에 담고 중앙아시아 카자흐스탄 이식 쿠르간으로 다시 가보자.

카자흐스탄 이식 쿠르간 적석목곽분+관모 사슴장식

카자흐스탄 이식 쿠르간 현장박물관은 비록 복제품이지만, 무덤 부장품

이식 쿠르간의 고분. 기원전 4세기~기원전 3세기. 카자흐스탄. ⓒ김문환

의 실상과 특히 관모장식을 쉽게 이해하도록 도와준다. 우리의 관심을 끄는 대목은 머리에 쓰던 관모 금장식 가운데 앞서 살펴 본 솟대형식의 새 장식에 더해 뿔이다. 뾰족한 고깔형 모자 앞면에 큰 뿔과 새날개가 달린 상상의 동물이 나온다. 그리스 신화 속 상상의 동물 그리핀을 닮았다. 사슴뿔, 새 날개, 솟대는 신라의 금관, 선비족 관모 금장식, 훈족 금관에 일관되게 쓰이던 모티프다. 기

황금인간. 이식 쿠르간. 기원전 4세기~기원전 3세기. 아스타나 카자흐스탄 국립박물관. ⓒ김문환

황금인간 관모장식. 화살 밑으로 커다란 뿔이 보인다. 복제품. 기원전 4세기~기원전 3세기. 이식 쿠르간 박물관. ⓒ김문환

큰 뿔과 날개 달린 동물. 황금인간 관모 앞면. 복제품. 기원전 4세기~기원전 3세기. 이식 쿠르간 박물관. ⓒ김문환

상체 금장식. 복제품. 기원전 4세기~기원전 3세기. 이식 쿠르간 박물관. ⓒ김문환

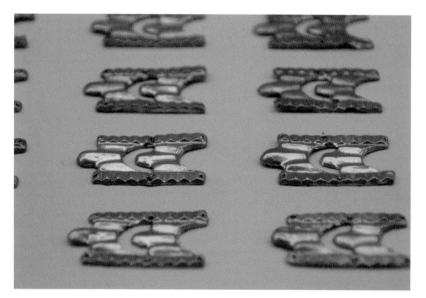

벨트 사슴 금장식. 기원전 4세기~기원전 3세기. 아스타나 카자흐스탄 국립박물관. ©김문환

사슴 금장식. 기원전 4세기~기원전 3세기. 아스타나 카자흐스탄 국립박물관. ©김문환

원전 4년에서 기원전 3세기로 추정되는 이 유물의 주인공은 사카족이니 훈족에게 황금문화를 전수한 장본인이 스키타이라는 통설을 유물로 확인하는 계기다.

카자흐스탄은 적석목곽분+사슴장식의 천국

알타이 산맥 서쪽인 카자흐스탄은 지구촌에서 적석목곽분이 가장 많이 분포하는 나라다. 우리 민족 역사에서 적석목곽분이 등장했던 시기는 무척 짧다. 5세기다. 그것도 신라 경주로 국한된다. 그런데 바로 그 적석목곽분에서 금관을 비롯한 엄청난 황금유물과 기마문화를 증언하는 유물이 쏟아졌다.

적석목곽분이란 다음과 같은 방식으로 만들어진다. 먼저 땅을 파거나 평지에 나무로 네모난 곽을 일종의 무덤방처럼 만든다. 그 안에 시신과 각종 부장품을 안치한다. 그 위를 막대한 양의 불규칙한 돌로 덮는다. 반듯하게 다듬은 돌을 체계적으로 쌓은 게 아니라, 다듬지 않은 불규칙한 돌을 쏟아붓듯이 넣는다. 도굴이 어려운 이유다. 이어 흙으로 둥근 봉분을 만들어 끝낸다. 우리가 경주에서 보는 황남대총이나 천마총은 바로 이 마지막 단계 둥근 흙 봉분만 보는 거다.

카자흐스탄은 면적이 272만㎢로 세계에서 9번째로 크다. 한반도의 12배이자 남한의 30배다. 우랄산맥에서 알타이산맥 사이 중아아시아 대부분의 땅과 서시베리아를 포괄한다. 이 광활한 초원지대 전역에 목석목곽분(알타이 산맥 근처에 특히 집중)이 드넓게 퍼져 있다. 적석목곽분은 초원의 무덤양식이다. 경주의 적석목곽분은 신라 고유의 무덤양식이 아니라 흑해 연안

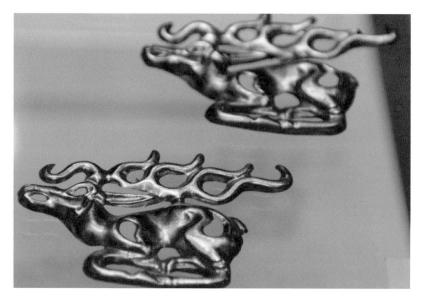

앉은 사슴 황금 조각. 기원전 6세기~기원전 5세기. 잘라울리 출토.
아스타나 카자흐스탄 국립박물관. ⓒ김문환

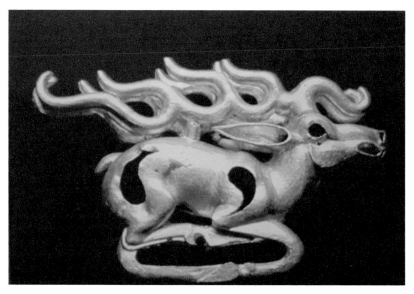

앉은 사슴 황금 조각. 오손 민족. 1세기~2세기. 카르갈리 출토. 알마티박물관. ⓒ김문환

남성 관모 사슴금장식. 기원전 4세기~기원
전 3세기. 복원 모형. 아스타나 카자흐스탄
국립박물관. ⓒ김문환

여성 관모 사슴금장식. 기원전 4세기~기원
전 3세기. 복원 모형. 아스타나 카자흐스탄
국립박물관. ⓒ김문환

에서 동방으로 전파된 끝 지점의 무덤양식으로 보면 된다.

1993년까지 카자흐스탄 수도이던 알마티의 알마티박물관과 새로운 수도
아스타나의 카자흐스탄 국립박물관은 광활한 지역에 퍼져 있는 적석목곽분
에서 출토한 황금유물의 보고다. 알마티박물관은 황금유물을 특별관리하
며 촬영을 엄격히 규제한다. 이와 달리 수도의 카자흐스탄 국립박물관은 돈
만 내면 얼마든지 황금유물을 촬영할 수 있다. 너무나도 고맙게…

카자흐스탄 남동부의 키르키즈스탄과 중국 국경지대 잘라울리에서 1988
년 출토한 기원전 6세기~기원전 5세기 황금사슴은 보는 이의 탄성을 절로
자아낸다. 알마티박물관에 소장중인 오손 민족의 카르갈리 출토 황금사슴
도 마찬가지다. 시베리아 투바공화국 아르잔 지구에서 출토한 사슴조각처

럼 금빛 찬란하게 빛나는 초원의 사슴 조각들은 기마민족의 금세공 기술수준을 잘 보여준다. 무엇보다 주목할 대목은 다양한 황금사슴 유물들이 주로 모자에 달거나 꽂던 관모 장식이란 점이다.

순장시킨 말, 사슴뿔로 장식

아스타나 카자흐스탄 국립박물관은 적석목관분에서 출토한 말의 유골과 유물을 복원해 놓았다. 마치 화려한 기마행렬을 보는 느낌에 빠진다. 기마 민족인 만큼 카자흐스탄 초원지대의 사카족은 말을 소중히 여겼다. 권력자가 죽으면 말을 순장시켜 부장품을 넣는 부장곽 옆에 별도로 묻었다. 특이한 점은 말을 단순히 죽여 넣은 게 아니라 화려하게 장식했다. 다양한 색상의 장식물을 말에 부착했고, 거대한 사슴뿔이나 뿔 형상의 조형물을 머리에

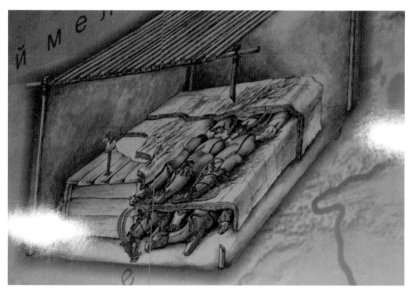

사슴장식을 단 말 순장 복원 그림. 기원전 5세기~기원전 4세기.
아스타나 카자흐스탄 국립박물관. ⓒ김문환

사슴장식을 단 순장 말 복원. 아스타나 카자흐스탄 국립박물관. ⓒ김문환

금도금 목각 사슴. 베렐(카자흐스탄 북동부 알타이 산맥 근처 해발 1200m 고원지대) 출토.
기원전 4세기~기원전 3세기. 아스타나 카자흐스탄 국립박물관. ⓒ김문환

금동 사슴 조각. 베렐 출토. 기원전 4세기~기원전 3세기. 복제품.
이식 쿠르간 박물관. ©김문환

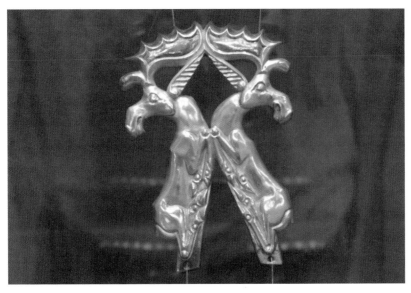

금동 사슴 조각 2마리. 베렐 출토. 기원전 4세기~기원전 3세기. 복제품.
이식 쿠르간 박물관. ©김문환

달아 줬다. 말과 사슴을 신성시한 모습이 읽힌다.

　여기서 궁금해진다. 카자흐스탄에 이렇게 적석목곽분과 황금 사슴을 남긴 사카족의 기원이 스키타이라면 스키타이도 사카족과 똑같은 문화를 갖고 있었을까? 이제 동서양 기마민족의 대명사 스키타이의 사슴문화를 찾아 나선다.

신장 위구르 자치주 백인 머리 관장식

　스키타이의 족적을 찾아 나서기 전 잠시 중앙아시아에 붙은 중국 서부 신장 위구르 자치구의 우루무치박물관으로 가보자. 1995년 누란에서 백인 남성 미라가 출토돼 관심을 모았다. 한나라시기(기원전 3세기~기원후 3세기)로 고고학자들은 추정한다.

　신장에서는 특유의 건조한 기후 탓에 미라가 여럿 발굴되는데 두 가지 측면에서 관심을 모은다. 하나는 전부 백인이라는 점. 월지로 추정된다. 둘째, 화려하고 섬세한 무늬의 의복문화를 발전시켰다는 점이다. 여기에

미라. 누란 출토. 한나라시기(기원전 3세기~3세기). 우루무치박물관. ©김문환

이마 금장식. 누란출토. 한나라시기(기원전 3세기~3세기). 우루무치박물관. ⓒ김문환

누란 출토 백인 남성 미라의 특징을 하나 더하면 이마에 금관을 연상시키는 금장식을 부착했다. 중국에서 말하는 서역(신장+중앙아시아)의 황금문화를 보여준다.

9. 흑해연안 스키타이도 사슴뿔 관모 금장식?

스키타이 관모 하나에 황금사슴 27마리 장식

흑해(黑海, Black Sea)는 가보기도 전에 웬일인지 무거운 느낌이 든다. 검을 '흑(黑)'자가 주는 선입견이리라. 춥고, 바다도 험할 것 같은 이미지. 직접 가보면 그렇지 않다. 흑해 북쪽은 우크라이나다. 동쪽 연안은 러시아 크라스노다르. 남쪽은 터키, 서쪽은 루마니아와 불가리아다. 어느 쪽으로 가서 봐도 바다는 잔잔하고 아름답다.

먼저 스키타이의 본거지로 일컬어지는 흑해 북쪽 연안 우크라이나로 발길을 옮긴다. 수도 키예프 중심부의 라브라보물관으로 가보자. 스키타이 황금유물을 보관하는 인류 문명사의 보고다. 라브라보물관의 스키타이 유물 가운데, 관모장식으로 가장 눈에 띄는 소재는 단연 사슴이다.

유라시아 대륙 동쪽 끝 신라의 5세기 금관 사슴뿔, 선비족의 4세기~5세기 관모 황금사슴장식, 중앙아시아 사카족의 기원전 4세기~기원전 3세기 관모 황금사슴장식에 일관되게 등장하는 사슴은 흑해 연안 우크라이나의 기원전 7세기에서 기원전 5세기 스키타이 무덤에서도 똑같이 나타난다. 귀걸이, 목걸이와 함께 출토된 고깔형태 모자는 놀랍게도 사슴 금장식 27개를 달았다. 모자가 온통 사슴으로 가득하다. 보약 달이는 것도 아닌데….

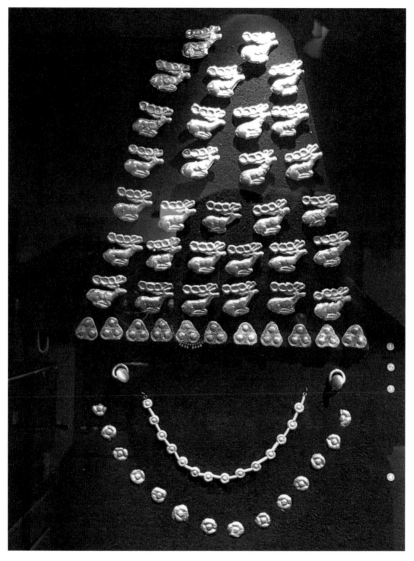

스키타이 여성 관모 사슴금장식과 장신구. 모두 27마리 사슴이 등장한다. 기원전 7세기~기원전 6세기. 키예프 라브라보물관 ©김문환

　스키타이 관모에서 사슴은 실물이다. 중앙아시아 사카족과 몽골초원 선비족 관모장식에서는 사슴 머리만 등장한다. 신라금관으로 오면 뿔만 형상

화한 형태로 나타난다. '선비'라는 말이 선비어로 '사슴'인 점을 감안하면 초원문화의 상징 사슴과 관모 사슴장식의 전파에 대한 새로운 안목이 생긴다.

켈트족 사슴뿔.
오스트리아 비엔나 자연사 박물관. ⓒ김문환

중부유럽 켈트족 사슴뿔관… 스키타이 접촉

흑해 내륙 오스트리아 할슈타트 지역에서 번성한 켈트족 신관 드루이드도 사슴뿔관을 착용한다. 스키타이 문화가 중부유럽의 켈트족에

켈트족 드루이드 사슴뿔관 그림. 오스트리아 비엔나 자연사 박물관. ⓒ김문환

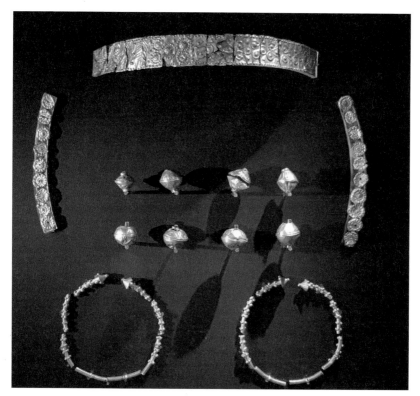

스키타이 황금 유물. 기원전 6세기. 헝가리 초원지대 출토.
부다페스트 헝가리 국립박물관. ©김문환

스키타이 금관. 기원전 6세기. 헝가리 초원지대 출토.
부다페스트 헝가리 국립박물관. ©김문환

게도 영향을 미쳤다는 의미로 해석할 수 있다. 오스트리아와 붙어 있는 헝가리에서도 기원전 6세기 스키타이 금관이 출토된다. 기마민족 스키타이는 초원지대를 무대로 삼았다. 동으로 몽골초원 북방 시베리아까지 와 월지나 훈족에게 영향을 미쳤으며, 서쪽으로는 헝가리 초원지대까지 가 켈트족에게 영향을 준 것으로 보인다. 비엔나 자연사 박물관측은 할슈타트 켈트족의 풍습이 지도자가 죽을 경우 순장을 하고, 마차를 활용한다고 설명한다. 스키타이 풍습과 같다. 유라시아 대륙 초원은 오늘날처럼 아시아와 유럽의 구분도 각 나라의 국경도 없이 말이 달리며 풀을 뜯을 수 있는 곳은 하나였던 것이다.

루마니아 은제 투구, 사슴과 새 조각

우크라이나에서 흑해 남서부 연안으로 내려가 보자. 몰도바를 거쳐 루마니아가 나온다. 수도 부쿠레슈티 국립 루마니아 역사박물관에는 루마니아 각지에서 출토한 다양한 유물이 얼굴을 내민다. 그중 은으로 만든 투구가 관심을 모은다. 머리는 물론 얼굴과 목까지 덮는 고깔형태의 투구는 은판을 두드려 펴 만들었다. 이마 부분에 빙 둘러 나뭇가지 금장식을 붙였고, 그 아래 귀 양옆으로 금장식 새와 뿔 달린 사슴을 새겼다. 사슴의 큼직한 뿔은 고결한 지위와 권위를 상징한다. 투구라면 전쟁도구다. 전쟁에서 승리를 기원하는 의미도 담았다.

새를 보자. 단순히 날개 달고 나는 모습이 아니다. 강하고 튼튼한 부리에 물고기를 물었다. 날카로운 발톱은 들짐승을 잡아 낚아챘다. 생존경쟁에서 많은 먹이를 잡는 새의 모습에서 용맹무쌍하게 전쟁의 승리를 일구는 염원

사슴과 새를 금으로 새긴 은제 투구. 기원전 3세기.
부쿠레슈티 국립 루마니아 역사박물관. ⓒ김문환

은제 투구에 새겨진 사슴 조각. 기원전 3세기. 부쿠레슈티 국립 루마니아 역사박물관. ⓒ김문환

은제 투구에 새겨진 새 조각. 기원전 3세기. 부쿠레슈티 국립 루마니아 역사박물관. ⓒ김문환

을 담았을 터이다.

사슴과 새는 일본에서 신라, 선비, 훈, 스키타이에 걸쳐 빠지지 않고 나타나는 금관, 관모 금장식 소재다. 사슴과 새를 조각한 투구의 제작연대는 기원전 3세기다. 스키타이가 소멸하던 시기다. 스키타이 유물일수도 있고, 스키타이 뒤에 나타난 사르마트인의 유물일 가능성도 배제할 수 없다.

스키타이, 훈, 몽골… 흑해에서 몽골초원까지

상트페테르부르크 에르미타주박물관에는 새들이 날고 사슴이 뛰노는 장면을 담은 황금유물을 전시중이다. 쿠반 지역 그러니까, 흑해 북쪽 우크라이나 크림반도(현재 러시아가 점거) 일원의 스키타이 유물로 기원전 6세기 만들어졌다.

우크라이나 수도 키예프 라브라보물관으로 다시 가보자. 스키타이 사슴 사냥 장면이 담긴 기마금유물이 기다린다. 이렇게 사슴을 사냥하는 소재는 스키타이와 접했던 그리스 북방 마케도니아에서도 나타난다. 스키타이와 그 리스는 서로의 문물을 주고받는데, 스키타이가 사슴사냥 모티프를 그리스에 서 배운 것인지, 스키타이 예술이 그리스로 넘어간 것인지는 분명하지 않다.

키예프에는 2개의 박물관이 자리한다. 키예프고고학박물관은 일반유물 을 전시하는데, 스키타이의 대형무덤 쿠르간이 적석목곽분이라는 것을 보 여준다. 우크라이나 역시 큰 나라다. 60만㎢. 남한의 6배다. 몽골 제국 징기 스칸의 아들과 손자가 킵차크 한국을 세워 통치하며 모스크바까지 지배했 던 제국의 중심무대다. 이 얘기를 하는 이유는 우크라이나의 흑해가 우리와 그리 멀지않은 곳이라는 의미다. 몽골초원의 몽골족이 원정을 단행해 수백

금잔 속 새, 사슴 조각. 기원전 6세기. 에르미타주박물관. ⓒ김문환

스키타이 사슴사냥. 기원전 4세기. 키예프 라브라보물관. ⓒ김문환

마케도니아 사슴사냥 모자이크. 기원전 4세기. 그리스 펠라. ⓒ김문환

년을 지배했던 땅. 당시 몽골은 우리민족의 고려도 지배했다. 몽골이라는 거대제국 아래 하나로 묶였던 지역이다.

몽골에 앞서 2세기에서 4세기 훈족이 몽골초원에서 흑해를 거쳐 로마제국까지 침략해 들어갔다. 그에 앞서 기원전 7세기 스키타이가 흑해에서 몽골초원으로 움직였다. 유라시아 대초원지대는 그렇게 흑해에서 몽골초원까지 하나의 길이었다. 흑해의 문화는 몽골초원으로 몽골초원의 문화는 흑해로 전파됐다. 흑해에서 건너온 문화가 바로 오늘날 우리가 보는 무덤. 대한민국 어디서나 보는 둥근 봉분이다. 비록 적석목곽분 내부의 목곽과 돌은 사라졌지만, 적석목곽분의 외형인 둥근 봉분은 신라에서 고려, 조선을 거쳐 오늘에 이어진다.

물론 쿠르간이라는 이 봉분 무덤이 스키타이 창조물은 아니다. 하지만, 그 쿠르간을 시베리아, 중앙아시아, 몽골초원으로 전파시킨 주역은 스키타이다. 초원 샤머니즘의 핵심, 구리거울과 황금문화도 마찬가지다. 그리고 황금장식의 핵심소재가 사슴이다.

스키타이 뿔잔과 신라 가야 뿔잔

라브라보물관에서 스키타이 사회의 특징을 알려주는 유물을 들여다보자. 기원전 4세기 스키타이 금관을 장식하는 조각을 찬찬히 뜯어보면 흥미로운 점이 눈에 띈다. 가운데 2명의 스키타이 전사가 나온다. 투구를 썼으며 어깨동무를 했다. 한손씩 내밀어 뿔잔 하나를 동시에 들었다. 뿔잔에는 술, 그중에서도 포도주가 담겼을 것이다. 두 명의 전사는 얼굴을 바짝 붙인 뒤, 뿔잔을 입에 댄다. 뿔잔 하나에 2명이 동시에 입을 대 마시는 장면.

뿔잔 든 스키타이 기사들. 기원전 4세기. 키예프 라브라보물관. ⓒ김문환

로마시대 뿔잔 든 기사. 3세기-4세기. 에르미타주박물관. ⓒ김문환

기마전사집단 스키타이의 전우애는 남달랐다. 한때 대한민국 저녁 회식 자리에서 자주 보던 풍경이다. 단체의 사기를 진작시키고, 협동심을 고취시키기 위한 음주풍습이었다. 금관 장식에는 뿔잔 하나를 든 전사 2명 옆에 혼자 뿔잔을 높이 치켜든 전사도 나온다. 이런 뿔잔은 그리스 문명권에도 널리 사용됐다. 로마시대인 3~4세기 크림반도 케르치의 무덤에서도 뿔잔 든 전사의 모습을 새긴 황금유물이 출토된다.

무대를 서울 국립중앙박물관으로 옮겨보자. 신라의 뿔잔이 전시돼 있다. 손잡이는 말의 머리형상이다. 기마민족의 유물임을 말해준다. 신라만이 아니다. 가야의 뿔잔도 출토된다. 우리민족 역사에 뿔잔은 독특한 위치다. 뿔로 잔을 만들려면 우리에게는 소뿔 밖에 없는데, 우리나라 소의 뿔은 신라나 가야 유물에서 보는 것처럼 크지 않다. 소를 신성시하거나 특히 소뿔로 무엇인가를 만든 경우가 보고되지 않는다. 그런 만큼 신라와 가야 뿔잔은 외래 요소가 강해 보인다.

기원전 5세기 그리스 역사가 헤로도토스는 스키타이가 장례식 때 바퀴가 높은 마차인 고차(高車)를 사용했다고 적는다. 이런 기록을 뒷받침하듯 알타이 파지리크 고분에서 나무로 만든 고차가 출토됐다. 스키타이의 마차를 상징하듯 가야 유물에는 마차바퀴와 뿔잔을 합성해 만든 유물이 눈길을 끈다. 목관도 주목할 만하다. 창원 다호리 1호묘에서 출토된 가야의 통나무 목관이 국립중앙박물관에서 탐방객을 맞는다. 알타이 바다샤르에서 발굴된 통나무 목관은 에르미타주박물관에서 탐방객을 기다리는데, 둘은 일란성 쌍둥이처럼 닮았다.

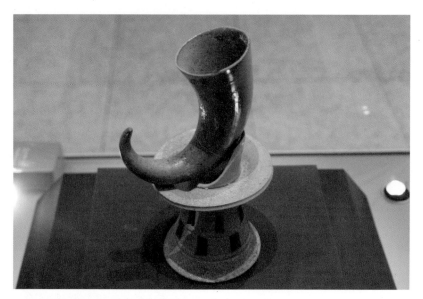

신라 뿔잔. 국립중앙박물관. ©김문환

가야 뿔잔. 국립중앙박물관. ©김문환

스키타이 마차. 기원전 4세기~기원전 3세기. 파지리크 출토. 에르미타주박물관. ⓒ김문환

가야 마차바퀴 뿔잔. 국립중앙박물관. ⓒ김문환

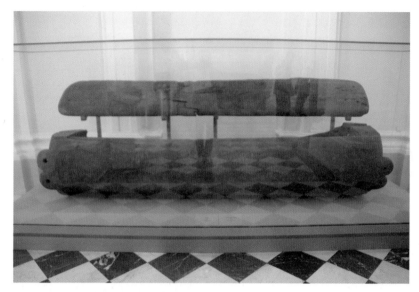

알타이 바다샤르 지역 통나무 관. 기원전 6세기~기원전 5세기. 에르미타주박물관. ©김문환

가야 통나무관. 창원 다호리 1호묘. 국립중앙박물관. ©김문환

스키타이의 기원, 페르시아에도 사슴조각

우크라이나 키예프 고고학박물관이나, 불가리아 소피아 국립역사박물관, 모스크바역사박물관에는 흑해 주변에서 출토한 사슴조각들을 전시한다. 흑해남부 터키 땅은 물론 이란에서도 고대부터 사슴이 조각됐고, 유물로 풍부하게 남았다. 스키타이는 흑해 북부지방에 근거지를 마련했지만, 페르시아 계열 백인이다. 말을 잘 타고 용맹무쌍하여 최강의 기병조직을 만들었다.

기원전 6세기 지구상 최대 제국

지팡이 사슴조각. 흑해 북부 우크라이나 출토. 기원전 6세기~기원전 5세기. 키예프 고고학 박물관. ⓒ김문환

을 일궜던 아케메네스 페르시아의 다리우스 대왕은 스키타이를 혼내주려 출병했지만, 스키타이를 이길 수는 없었다. 기마민족 스키타이 사회에서 가장 중요한 재산은 말이었다. 말을 많이 소유할수록 부자였고, 특권자였다. 헤로도투스는 그의 저서 『역사』에서 스키타이가 귀한 말을 장례식에서 순장시켰다고 적는다. 어느 문화권이나 장례식에 가장 값지고 귀한 물건을 부장품으로 넣는다. 스키타이는 말을 최고로 화려하게 치장해 함께 묻었다. 카자흐스탄 사카족의 무덤에서처럼 말이다.

사슴조각. 기원전 10세기~기원전 6세기. 킴메리아 혹은 스키타이.
불가리아 소피아 국립 역사박물관. ⓒ김문환

흑해 동부 쿠반문화. 크라스노다르 출토. 사슴조각. 기원전 1000년~기원전 400년.
모스크바역사박물관. ⓒ김문환

흑해 동부 코카서스 산맥 사슴 조각1. 기원전 6세기~기원전 5세기.
모스크바역사박물관. ⓒ김문환

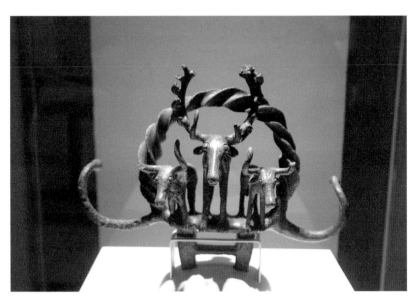

흑해 남부 터키 알라자회윅 사슴조각. 기원전 20세기.
앙카라 아나톨리아문명박물관. ⓒ김문환

사슴 2마리 조각. 이란 고원 말리크 문명. 기원전 14세기~기원전 11세기.
루브르박물관. ©김문환

10. 신라, 월지, 훈, 스키타이 금관은 여성용인가?

신라, 당나라, 일본의 여성지배자… 고구려, 백제 멸망 배경

592년 스이코(推古)가 일본 역사 첫 여성천황에 오른다. 일본 불교를 진흥시키며 호류지(法隆寺, 법륭사)를 창건한 쇼토쿠(聖德, 성덕)태자의 고모다. 스이코 천황이 죽고, 조카손자 죠메이(舒明, 재위 629년~641년) 천황을 이어 그의 부인이던 고쿄쿠(皇極, 재위 641년~645년, 655년~661년)가 두 번째 여성천황이 된다.

선덕여왕릉. 경주. ⓒ김문환

진덕여왕릉, 경주. ©김문환

　신라에도 632년 진흥왕의 손자 진평왕이 죽고 딸 덕만 공주가 선덕여왕(재위 632년~647년)으로 즉위한다. 647년 화백회의 의장인 상대등 비담이 반란을 일으킨데 충격을 받고 선덕여왕이 숨지자, 6촌 동생 승만 공주가 진덕여왕(재위 647년~654년)으로 왕위에 오른다.

　655년 당나라에서는 측천무후가 황후가 돼 황제 고종을 대신해 전권을 쥔다. 측천무후 때 660년 백제, 668년 고구려를 멸망시킨다. 아들 4명을 모두 황태자로 만들고, 그중 2명을 황제에 올렸던 절대권력 측천무후는 690년 직접 황제 자리를 차지했다. 흥미롭다.

　신라 진덕여왕 때 당에 백제정벌을 요청하고, 당의 측천무후는 백제 정벌군을 보내고, 일본의 고쿄쿠 여성 천황은 백제 구원군을 보냈으니 말이다. 전쟁이 횡행하던 7세기 동양 3국의 여성군주들을 주인공으로 영화를 만들

측천무후 사당 황택사. 측천무후의 고향인 사천성 광원. ⓒ김문환

면 마치 허구 같은 흥미만점 역사극이 될 터이다. 초원을 호령하던 기마민족 스키타이도 여성권력자나 종교지도자가 있었는지 궁금해진다. 금관의 기원과 관련 있어 더욱 그렇다.

가야와 일본의 고대 여성 신관(샤먼)

금관가야 시조 김수로왕의 무덤이 있는 경상남도 김해시로 가보자. 부산과 김해공항 방향에서 경전철을 타면 시가지를 남북으로 가로지르는 해반천과 나란히 달린다. 해반천 오른쪽으로 난 해반천길을 따라 수로왕릉, 대성동고분군, 국립김해박물관, 수로왕비 허황옥릉이 차례로 탐방객을 맞는다.

대성동고분군에 있는 대성동고분박물관으로 들어가면 가야 시대 고분 제작과정을 묘사한 복원 모형이 기다린다. 봉분을 조성한 뒤 액운을 막고

가야 고분 항아리 깨트리기 의식 복원 모형. 여성 신관이 오른손에 나뭇가지,
왼손에 구리거울을 들었다. 김해 대성동고분박물관. ⓒ김문환

구리거울 다뉴세문경. 완주군 신풍동 출토. 국립전주박물관. ⓒ김문환

영생을 비는 항아리 깨기 의식 묘사가 눈길을 끈다. 의식을 지휘하는 인물을 보자. 오른손에 나뭇가지를 들고 왼손에 태양을 향해 구리거울을 들어올린 여성이다. 하늘, 신과 통하는 영혼의 중재자인 신관(샤먼)이 여성이었던 거다.

무대를 일본 오사카 근교 카시하라 고고학자료관으로 옮겨보자. 고대 하늘에 제사지내는 의식을 묘사한 복원모형에 눈길을 건넨다. 사람들이 제물을 가득 담은 제기를 차려놓고 엎드려 절한다. 맨 앞에는 커다란 사슴 한 마리를 제물로 바쳤다. 그 앞으로 나무 한그루가 높이 솟았다. 나뭇가지 아래 신관이 구리로 만든 큼직한 종인 동탁(銅鐸)을 매단다.

일본 제천의식 복원 모형. 여성 신관이 나무에 동탁을 매다는 모습. 카시하라 고고학자료관, ⓒ김문환

신관을 보자. 머리를 뒤로 길게 묶은 여성이다. 가야와 일본에서 여성 신관 복원모형은 무슨 근거로 만든 것일까? 남성이 정치나 종교분야 권력을 쥐었을 것 같은 고대사회에 여성도 종교 영역에서 권위를 가질 수 있다는 증거를 찾아나서 보자.

평창 하리 2호 석곽묘 여성신관 추정 유골

강원도 춘천 강원대학교박물관에 특이한 전시물이 탐방객을 맞는다. 평

일본 동탁. 국립 도쿄박물관 ⓒ김문환   삼한 동탁. 대구 신천동 출토.
국립대구박물관 ⓒ김문환

창군 하리에서 2016년 발굴한 청동기 말기(초기 철기 시대) 석곽묘 9기 가운데 2호묘를 발굴당시 모습대로 복원해 놓았다. 진품 덮개돌은 박물관 마당에 전시하고, 덮개돌 아래 있던 석곽과 유골, 부장품은 모형으로 만들어 박물관 현관 안쪽에 설치했다.

전시실에 놓인 발굴당시 2호묘 사진을 보면 석곽묘의 구조를 이해하기 쉽다. 큼직한 덮개돌 아래로 얇은 자연석을 직사각형으로 세워 만든 석곽이 잘 보인다. 그 안에 시신을 펴서 누인 뒤, 각종 부장품을 넣었다. 한반도는 물론 유라시아 각지에서 볼 수 있는 전형적인 석곽묘다.

이제 석곽 내부를 꼼꼼하게 살펴보자. 완전한 형태로 남은 유골은 고개를 오른쪽으로 살짝 돌렸다. 몸통은 반듯하게 누운 상태다. 두 팔을 가지런히 모아 가슴에 올렸다. 오른 손바닥이 왼 손등을 덮었다. 두 다리는 살짝 구부

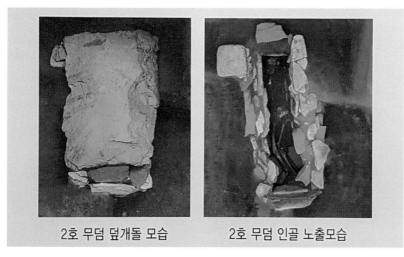

2호 무덤 덮개돌 모습　　　2호 무덤 인골 노출모습

평창 하리 2호 석곽묘 사진. 왼쪽은 덮개돌이 있는 상태. 오른쪽은 덮개돌을 들어내 석곽이
드러난 모습. 강원대학교박물관. ⓒ김문환

덮개돌을 들어내고 석곽, 유골, 부장품을 복원한 모습. 갈비뼈 위에 청동검이 보인다.
복제품. 강원대학교박물관 ⓒ김문환

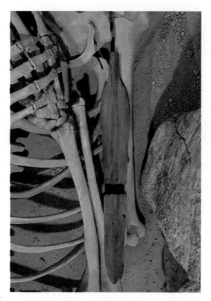

비파형 청동검. 복제품. 강원대학교박물관.
©김문환

린 채 고개처럼 오른쪽으로 돌린 모습이다. 갈비뼈 위, 왼손 어깨와 팔꿈치 뼈 사이에 놓인 부장품이 눈에 들어온다.

구리로 만든 청동검. 청동기 시대나 초기 철기시대 정치지도자나 신관 같은 지배계급 석곽묘나 고인돌에서 출토되는 권력과 권위의 상징이다. 형태는 현악기 비파(琵琶)를 닮았다고 해서 비파형 동검이라 부른다. 만주 요령(遼寧) 지역에서 주로 출토된다고 해서 요령식 동검이라는 그릇된 이름으로 불리기도 한다. 고조선의 영역에서 주로 발굴되므로 고조선식 동검이란 이름을 쓰거나 비파형 동검이란 표현이 더 적확하다.

동검 외에 오른쪽 다리 아래 화살촉과 구슬, 토기도 나왔다. 동검과 화살촉 같은 무기가 출토됐으니, 무덤의 주인공은 남성 지배자일까? 유골 조사 결과 20대 여성으로 밝혀졌다. 동검은 권력과 권위의 상징이므로 여성신관(샤먼)으로 보인다.

파지리크 카펫, 여성 신관에 예의 갖추는 남성 전사

러시아 상트페테르부르크 에르미타주박물관으로 다시 가보자. 러시아 알타이 공화국 파지리크의 기원전 5세기에서 기원전 4세기 스키타이(혹은 월지) 적석목곽분에서 출토된 카펫 유물의 등장인물을 꼼꼼히 살펴본다.

먼저, 왼쪽 등받이 의자에 신관이 앉았다. 머리에는 삼각형 디자인이 들어간 관을 썼다. 금관인지 여부는 명확하지 않다. 가슴에는 사슴뿔 관을 쓰고 날개를 단 반인반마(半人半馬)의 신성한 인물이 장식됐다. 왼손은 입가로 올리고, 오른손은 꽃이 달린 나뭇가지를 들었다. 긴 드레스를 입은 여성신관이다.

여성 신관 앞에 서 있는 인물은 말을 탔다. 안장을 얹었고, 말 머리와 가슴에 장식이 달렸다. 콧수염에 곱슬머리. 코가 큰 백인 남성이다. 목에 감은 목도리를 뒤로 휘날리며 말 달리는 스키타이, 혹은 월지 전사다.

중요한 점은 강한 전투력을 뽐내는 기마민족 전사가 여성신관에게 예를 갖추는 대목이다. 여성이 종교권력을 갖는 여성신관문화가 초원에 일반화

의자에 앉은 여성 신관과 그 앞에 말을 타고 예를 바치는 남성 전사. 스키타이 혹은 월지 유물. 기원전 5세기~기원전 4세기. 상트페테르부르크 에르미타주박물관. ⓒ김문환

된 풍속이었을까? 초원 기마민족의 상징 스키타이의 본거지 흑해 연안으로 가서 확인해 보자.

우크라이나 스키타이 금관 속 여성신관과 전사

만주 서쪽 내몽골에서 시작하는 유라시아 초원지대는 흑해 지나 우크라이나, 루마니아, 헝가리 초원지대에서 끝난다. 이 지역을 오간 기마민족은 실체가 드러난 것만 기원전 7세기 이후 흑해에서 동쪽으로 온 스키타이, 2세기 이후 몽골초원에서 흑해연안으로 이동한 훈(흉노)족, 그리고 13세기 몽골이다. 흑해 북부 연안 우크라이나는 스키타이와 훈, 몽골의 유물이 동시에 출토되는 지역이다.

스키타이 금관, 귀걸이, 목걸이. 기원전 4세기. 우크라이나 키예프 라브라보물관. ⓒ김문환

라브라보물관의 기원전 4세기 스키타이 금관을 보자. 가운데 의자에 앉은 인물 좌우로 여러 인물이 등장한다. 의자에 앉은 인물은 머리에 관을 썼다. 머리에 쓴 관과 전시된 유물 금관이 같은 형태다. 의자에 앉은 인물의 가슴장식도 전시된 유물 가슴장식과 같다. 의자에 앉은 인물은 손에 커다란 거울을 들었고, 머리가 길다. 거울은 신관의 보물이다. 여성신관임을 말해준다.

여성신관 앞에는 덥수룩하게 수

의자에 앉은 여성 신관에게 예를 바치는 남성전사. 전사는 허리에 칼을 찼다.
기원전 4세기. 우크라이나 키예프 라브라보물관 ⓒ김문환

염을 기르고, 허리에 칼을 찬 강인한 인상의 전사가 무릎 꿇은 채 예를 올린
다. 손에는 뿔 형태의 술잔을 들어 여성신관에게 바친다. 전사 뒤로는 하프
를 연주하는 또 다른 스키타이 전사가 나온다. 신성한 의식이 진행되고 있
음을 알 수 있다. 여성신관과 전사는 알타이 공화국 파지리크 카펫의 여성
신관과 기마전사 모티프와 닮은꼴이다. 파지리크 고분 주인공을 스키타이
로 보거나 스키타이의 영향을 강하게 받은 월지로 보는 이유 가운데 하나
다. 여성신관을 경배하는 스키타이 전사들의 풍속은 초원지대를 지나 가야
와 일본의 여성신관과도 맥이 닿는다.

기마민족의 상징 스키타이 여성 금관

키예프 라브라보물관에는 기원전 4세기 스키타이 무덤도 복원해 놓았다.

두 팔을 펴고 반듯하게 누운 유골은 시신을 곧게 펴 눕히는 신전장(伸展葬) 형태다. 강원도 평창 하리 2호 여성묘와 같다. 오른쪽 다리를 바깥쪽으로 살짝 굽힌 유골 머리 부분에 큼직한 황금 부장품이 놓였다. 원통형 금관은 아니고 모자 앞면에 금판 띠를 여러 장 붙인 형태의 금관이다.

머리에 씌운게 아니고 단순히 둔 모습이다. 금관에 다양한 들짐승들이 노닌다. 초원문화의 단면을 보여준다. 팔에는 폭이 넓은 금팔찌를 찼는데, 오른 손목에 2개, 왼 손목에 1개다. 가슴과 몸통 곳곳에 다양한 금장식을 화려하게 달았다. 목에는 구슬을 꿴 목걸이를 찼다. 금과 보석을 중시하는 스키타이 풍속이 잘 드러난다. 화려한 관모 금장식에 다양한 금장신구를 부착한 이 유골의 주인공은 여성이다. 무덤 주인공 복원 인물상을 옆에 세워 이해를 돕는다.

헤로도토스 "스키타이는 여신숭배"

라브라보물관에는 스키타이 무덤에서 출토한 여러 개의 관모 금장식을

스키타이 여성 무덤. 기원전 4세기. 복원모형. 키예프 라브라보물관. ⓒ김문환

스키타이 여성 금관. 초원에 서식하는 각종 짐승을 모티프로 삼았다.
기원전 4세기. 복제품. 키예프 라브라보물관 ⓒ김문환

스키타이 여성. 무덤 부장품을 기초로 실제
살아 있을 당시 여성의 모습을 복원했다.
키예프 라브라보물관. ⓒ김문환

전시중이다. 예외 없이 귀걸이, 목걸이, 가슴장식과 한 세트를 이룬다. 여성
용이란 얘기다. 호전적이며 강력한 전투력으로 유라시아 대륙을 누볐던 기
마민족 스키타이 사회에서 금관이나 관모 금장식은 여성용이었다. 지배계
급 여성이거나 여성신관들이다.

그중 하나를 정밀하게 들여다보자. 맨 위에 고추처럼 생긴 금 달개를 가
득 달았다. 밑에는 나뭇가지 형상을 조각해 넣었다. 그 아래로 2줄에 걸쳐
날개달린 상상의 동물을 다양한 동작으로 표현했다. 맨 밑에는 다시 나뭇가
지 장식이다.

가야와 일본의 여성신관, 평창 하리 석곽묘에 등장하는 여성신관 추정유
골, 파지리크 카펫의 여성신관, 스키타이 금관 속 여성신관. 여성신관에 예
를 바치며 숭배하는 스키타이 남성 전사들… 이런 내용을 유물이 아닌 기록

스키타이 여성 관모 금장식1. 기원전 4세기.
귀걸이와 목걸이를 부장품으로 같이 넣어 매장했다. 키예프 라브라보물관. ⓒ김문환

스키타이 여성 관모 금장식2. 기원전 4세기.
귀걸이와 목걸이를 부장품으로 같이 넣어 매장했다. 키예프 라브라보물관. ⓒ김문환

스키타이 여성 관모 금장식과 가슴장식(팩
토랄). 기원전 4세기. 키예프 라브라보물관.
ⓒ김문환

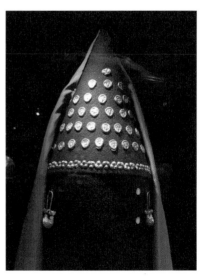

스키타이 여성 고깔형 관모 금장식.
기원전 4세기. 키예프 라브라보물관
ⓒ김문환

스키타이 여성 원통형 관모 금장식. 기원전 4세기. 키예프 라브라보물관 ⓒ김문환

그리스 델포이 아폴론 신전. 이곳 여신관 피티아가 들려주는 신탁 내용은
그리스 주요 국가들의 운명을 갈랐다. ⓒ김문환

으로 확인시켜주는 이가 있으니, 기원전 5세기 그리스 역사가 헤로도토스다. 그리스 민족 외에 이집트, 메소포타미아 문명을 관찰해 기록으로 남겼던 헤로도토스는 그리스문명권 북방에 살던 스키타이 기록도 빠트리지 않았다. 우리가 주목할 대목은 스키타이가 여신을 숭배한다는 기록이다. 유라시아 초원지역에 널리 퍼졌던 여성신관 풍속의 기원에 스키타이가 자리하는 거다.

훈족에 밀려난 월지 금관과 신라 금관

월지의 유물을 2016년 7월 서울 국립중앙박물관에서 열린 아프가니스탄 황금유물 특별전에서 반갑게 만날 수 있었다. 아프가니스탄 북부 틸리야 테페(Tillya Tepe) 유적지에서 출토된 황금유물이 주를 이뤘다. 틸리야는 북쪽으로 인접한 우즈베키스탄어로 '황금', 테페는 '언덕'을 가리킨다. 황금 언덕. 왜 이런 이름이 붙었는지 전후사정을 살펴보자.

당시 소련과 아프가니스탄 고고학자들이 1978년부터 틸리야 테페 무덤군을 발굴해 기원전 1세기에서 기원후 1세기 이 지역을 장악했던 쿠샨제국 무덤이라는 사실을 밝혀냈다. 쿠샨 제국은 중국 서부에 살다 기원전 2세기 훈족에 쫓겨 이곳으로 온 월지의 나라다. 월지가 들어오기 전에는 기원전 326년 이 지역을 침략한 알렉산더군의 그리스인들이 박트리아 왕국을 세워 통치했다. 그리스계 박트리아를 무너트린 쿠샨제국의 이름 '쿠샨'은 월지의 일파 귀상(貴相, 쿠샨)부족에서 나왔다. 교역대국 쿠샨제국의 월지가 서로는 로마, 남으로 인도, 북으로 스키타이, 동으로 중국과 교류한 흔적은 무덤 부장품에 고스란히 남았다.

금관. 틸리야 테페 6호묘 출토. 기원전 1-1세기. 아프가니스탄 국립박물관 소장.
2016년 국립중앙박물관 특별전. ⓒ김문환

금관총 부장궤 출토 금달개. 아프가니스탄 월지 금관의 금달개와 같다. 5세기.
국립경주박물관. ⓒ김문환

1979년 소련의 아프가니스탄 침공, 뒤이어 1989년 내전 등으로 아프가니스탄 유물들은 위기에 직면한다. 일부는 해외로 밀반출되기도 했지만, 핵심 유물들은 아프가니스탄 중앙은행 지하금고에 깊숙이 숨겨졌다. 정국이 안정된 뒤 2003년 다시 햇빛을 봤고, 세계 각지 순회전을 통해 문명의 교차로 아프가니스탄 유물에 목마른 이들의 갈증을 풀어준다.

그렇게 2016년 7월 서울에 온 틸리야 테페 고분군 유물 가운데 단연 눈길을 끄는 것은 금관이다. 금관의 생김새를 보자. 밑에 원형 테두리, 대륜(臺輪)이 있다. 폭이 좁은 대륜 위로 여러 개의 세움 장식을 놓는데, 모티프는 나뭇가지다. 가지에 나뭇잎 형상의 수많은 달개를 달아 현란한 면모를 뽐낸다. 초화형(草花型) 금관이란 점에서 우리 금관과의 연계성을 무시하기 어렵다. 더구나 금관에 달린 동그란 잎사귀 형태 달개는 금관총 부장궤에서 출토된 달개와 구분하기 어려울 만큼 닮았다. 일본 후지노키 고분 금동관의 잎사귀 형태 달개도 마찬가지다. 1세기 폼페이에서 유행한 색상의 로마 유리가 5세기 신라 고분과 일본 고분에서 출토되는 점을 감안할 때 월지 금관과 신라금관의 연관성을 따져보는 추론은 합리의 범주를 벗어나지 않는다.

월지 금관과 황남대총 금관의 또 다른 공통점

기원전 1세기에서 기원후 1세기 쿠샨제국 월지 금관이 출토된 틸리야 테페(황금언덕)에는 6기의 무덤이 있다. 흥미로운 대목은 남성묘는 1기뿐, 나머지 5기는 여성묘라는 점이다. 금관이 권력의 상징이라면 남성묘에서 나오는 게 상식적이다. 틸리야 테페에서 남성묘는 4호묘다. 그렇다면 유골의 두개골에 씌워진 채 발굴된 현란한 장식의 금관은 4호묘에서 나왔을까? 아

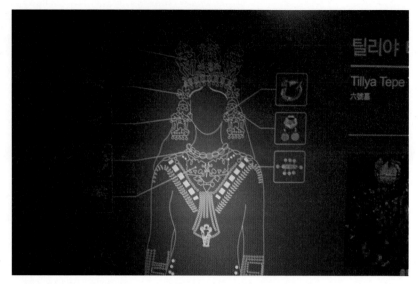

틸리야 테페 6호묘 출토 금관 장식 여인 복원도. 기원전 1세기~1세기.
아프가니스탄 국립박물관 소장. 2016년 국립중앙박물관 특별전. ⓒ김문환

니다. 6호묘. 유골을 조사한 결과 금관을 쓴 주인공은 20세 전후의 젊은
여성으로 밝혀졌다. 권력자가 아니었다.

신라 금관 6개중 2개가 여성무덤에서 출토

황남대총 북분에서 부인대(婦人帶)라는 글씨가 적힌 은장식 허리띠가 출
토된 점으로 미뤄 북분은 왕비 무덤일 가능성이 높다. 남쪽 봉분은 60대 남
성 유골이 나온 점으로 미뤄 왕이 묻힌 것으로 추정된다. 15살 안팎의 젊은
여자 순장유골도 같이 나왔다. 국립중앙박물관 신라 전시실을 대표하는 황
남대총 금관은 왕의 능인 남분(南墳)이 아니라 왕비의 능인 북분(北墳) 출토
유물이다. 남분에서는 격이 낮은 금동관이 출토됐다.

금관이 출토된 서봉총으로 가보자. 명확히 여성임을 나타내는 문자는 없

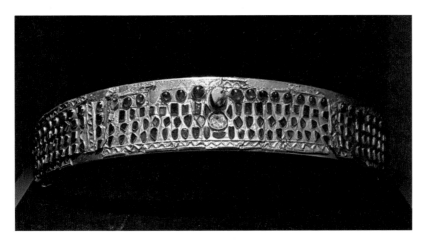

훈족 여성 금관. 4-5세기. 부다페스트 헝가리 국립박물관. ⓒ김문환

다. 하지만, 금관에 목걸이, 비취곡옥을 단 가슴장식, 금은 팔찌와 유리 팔
찌, 금반지 등의 장신구, 소형 칼 등의 유물이 황남대총 북분과 유사해 학계
는 서봉총 주인공을 왕비나 공주, 혹은 최상위 왕실 여성으로 추정한다. 금
관이 왕권의 상징이 아니라는 점은 이렇게 신라뿐 아니라 앞서 살펴본 기마
민족 전체에서 공통으로 나타나는 현상이다. 독일 베를린 노이에스 박물관
에 전시중인 훈족 금관들에 대해서도 박물관 측은 귀족 여성 금관이라고 못
박는다.

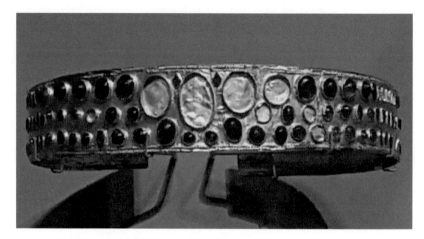

훈족 여성 금관. 4-5세기. 베를린 노이에스 박물관 ⓒ김문환

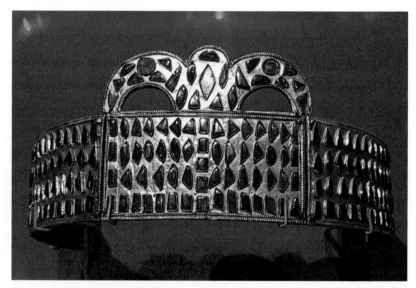

훈족 여성 금관. 대륜 위에 장식을 붙였다. 4-5세기. 베를린 노이에스 박물관 ⓒ김문환

제3부
그리스 로마의 금관

11. 정복왕 알렉산더도 금관을 사용했을까?

알렉산더 여동생 이름 딴 테살로니키

기원전 338년 그리스 아테네 북서쪽 100㎞ 떨어진 카이로네이아에서 그리스문명권의 지배자를 결정짓는 운명의 전투가 펼쳐졌다. 여기서 승리한 마케도니아가 스파르타를 제외한 나머지 도시국가들에 대한 패권을 장악한

알렉산더 동상과 테살로니키 바다. ⓒ김문환

다. 아테네를 비롯한 그리스 도시국가들은 승자인 마케도니아왕 필리포스 2세에게 헤게몬(Hegemon)이라는 칭호를 전리품으로 안겨줬다. 권력자라는 의미다. 오늘날 영어로 권력을 나타내는 헤게모니(Hegemony)의 어원이다. 물론 아들 알렉산더(알렉산더3세)도 이 전투에서 혁혁한 공을 세운다.

이에 앞서 기원전 353년(혹은 기원전 352년) 필리포스 2세는 테살로스 (Thessalos)지역에서 포키스인들을 제압하며 큰 승리(Nike)를 거둔다. 이를 기념해 마침 태어난 딸 이름을 테살로니카(Thessalonica)로 지었다. 기원전 356년 태어난 알렉산더의 이복여동생이다. 테살로니카의 남편인 카산드로스가 기원전 323년 알렉산더 사후에 마케도니아의 실권을 잡고 기원전 315년 테살로스 지방에 신도시를 건설하며 아내 이름을 딴다. 그리스 북부의

갈레리우스 개선문. 3세기. 테살로니키. ⓒ김문환

그림처럼 아름다운 바닷가 중심도시 테살로니키(Thessaloniki)다.

알렉산더 부친 묘소 아이가이 마케도니아 왕실고분

마케도니아의 첫 수도 아이가이(Aigai)는 오늘날 베르기나(Vergina)로 불린다. 테살로니키 도심 서부 끝자락에 자리한 마케도니아 시외버스터미널에서 버스로 1시간 거리에 베리아(Beria)가 나온다. 여기서 시내버스로 갈아탄 뒤 다시 30여분 달리면 한적한 시골 마을, 베르기나에 이른다. 터미널도 없는 길거리 정류소에 내려 10분여 걸으면 마치 경주나 공주, 부여에서 봄직한 큼직한 봉분이 우뚝 솟는다. 경주 천마총처럼 실제 봉분 내부를 탐방할 수 있도록 꾸며 놓았다.

봉분 안으로 들어가면 4개의 신전형태 석실무덤이 발굴돼 있다. 1977년

필리포스 2세 고분. 마치 경주나 공주에서 보는 고분 같다.
유라시아 대륙 전역에 퍼진 봉분 쿠르간(Kurgan)이다. 베르기나. ⓒ김문환

봉분 내부의 필리포스 2세 신전형태 석실묘. 베르기나 아이가이 왕실묘지박물관. ©김문환

필리포스 2세 신전형태 석실묘 현실. 복원. 베르기나 아이가이 왕실묘지박물관. ©김문환

무덤을 발굴한 고고학자들은 2호 묘를 필리포스 2세 무덤으로 결론지었다. 2호 묘를 비롯해 무덤 전체를 필리포스 2세 고분이라 부른다.

참나무잎 형상의 필리포스 2세 금관

필리포스 2세 무덤에서도 금관이 출토됐을까? 고대 그리스인들은 사람이 죽으면 시신을 화장했다. 호메로스가 기원전 780년 경 쓴『일리아드』에 보면 트로이 전쟁의 그리스 영웅 아킬레스가 절친 파트로클로스의 장례식 때 높게 쌓아올린 장작더미 위에 시신을 놓고 화장하는 장면이 나온다. 고대 그리스인들은 그래야 영생을 얻는다고 믿었다. 화장 뒤 유골을 라르낙스 (Larnax, 유골함)에 담아 석실에 안치했다. 이때 금관을 유골함에 유골과 함께 넣거나 석실에 생활필수품과 함께 부장품으로 넣었다.

필리포스 2세 석실묘는 입구를 지나 전실과 그 뒤쪽 현실의 2개 방으로 이뤄졌다. 현실에 대리석 상자가 있고, 그 안에 황금으로 만든 유골함이 있었다. 유골함을 열어보니 화장하고 남은 유골과 함께 금관이 담겼다. 그리스 문명권 금관 가운데 주인공이 밝혀진 가장 오래된 금관이다. 필리포스 2세는 기원전 336년 수도 아이가이(베르기나) 극장에서 암살됐다. 아버지가 죽자 알렉산더가 베르기나에서 왕이 됐음을 선언하고 아버지 장례를 치렀다.

그러니 필리포스 2세 금관은 기원전 336년 만들어진 거다. 5~6세기 신라 금관보다는 800여 년 앞선다. 선비나 훈(흉노)보다도 앞선다. 스키타이 금관은 동시대이거나 앞서지만, 소유주가 밝혀진 금관은 필리포스 2세 것이 흑해연안에서 최고(最古)다. 필리포스 2세 금관은 참나무 잎을 소재로 만들었다. 초화형(草花型). 신라, 가야, 일본, 월지의 금관과 같다. 필리포스 2세 금

필리포스 2세의 황금관과 유골함(라르낙스). 금관은 금 참나무 잎 313장으로 만들었다.
기원전 336년. 베르기나 아이가이 왕실묘지박물관. ⓒ김문환

필리포스 2세의 황금 유골함(라르낙스). 기원전 336년.
베르기나 아이가이 왕실묘지박물관. ⓒ김문환

관의 참나무 잎은 모두 313장. 24k 순금으로 무게는 717g. 소고기 한 근을 넘는다.

필리포스 2세 왕비 금관, 화장해 시신 없어도 금관 넣어

필리포스 2세 신전 석실묘의 전실에도 현실처럼 대리석상자가 놓였다. 이것도 열어보니 황금으로 만든 유골함 안에 화장한 유골과 금관이 들어 있었다. 주인공은 트라키아 게타이(Getae) 부족 왕국에서 시집온 필리포스 2세의 5번째 왕비 메다(Meda)라는 분석이 설득력을 얻는다. 게타이 왕국은 다뉴브강 하류로 오늘날 불가리아 북부 지방을 근거로 한 트라키아 부족의 왕국이다. 기원전 341년 경 필리포스 2세에게 굴복해 속국이 됐다.

당시 코텔라스 왕의 딸인 메다가 필리포스 2세에게 시집왔다. 기원전 336년 필리포스 2세가 암살되자, 자결한 것으로 추정된다. 왕이나 남편이 죽었을 때 왕비나 부인이 따라 죽는 것을 명예롭게 여기는 풍습은 마케도니아나 그리스 전통은 아니다. 스키타이 순장풍습인데, 북으로 스키타이와 인접한 트라키아에서도 이런 순장풍습이 있었던 것으로 보인다.

금관은 꽃을 소재로 한 초화형이다. 금에다 에나멜로 장식해 화려함을 더했다. 여기서 관심 있게 볼 대목은 같은 금관으로 부르지만, 필리포스 2세와 메다 왕비 금관의 생김이 다르다. 메다 왕비의 금관은 디아뎀(Diadem)이라고 부른다. 원형으로 넓은 테, 대륜(臺輪)을 만들어 머리에 쓰는 관이다. 필리포스 2세 금관은 굵은 철사 형태의 금테에 나뭇잎이나 꽃잎 모양 금 잎사귀를 붙이는 리스(Wreath)다. 신라나 가야의 금관은 그리스식 분류에 따르면 디아뎀이다.

필리포스 2세 신전형태 석실묘의 전실. 복원. 베르기나 아이가이 왕실묘지박물관. ©김문환

필리포스 2세의 5번째 왕비 메다의 것으로 추정되는 황금유골함과 금관. 기원전 336년 경. 베르기나 아이가이 왕실묘지박물관. ©김문환

필리포스 2세의 5번째 왕비 메다의 금관. 금으로 만든 꽃과 에나멜로 장식해
화려함을 더했다. 기원전 336년 경. 베르기나 아이가이 왕실묘지박물관. ⓒ김문환

또 하나 주목할 점은 필리포스 2세나 메다 왕비나 화장을 해서 시신이 없
다. 그래도 금관을 넣었다. 금관을 반드시 머리에 씌워 매장하는 것이 아님
을 보여준다. 메다 왕비의 금관이 출토된 전실에서는 금관이 하나 더 나왔
다. 당시 마케도니아 왕실과 귀족들이 널리 활용한 도금양(Myrtle) 잎사귀와
꽃을 모티프로 한다. 도금양은 지중해 주변에 자라는 상록수 관목으로 꽃도
피고 열매도 맺는다.

알렉산더의 아들 알렉산더 4세 금관?

필리포스 2세 고분에는 모두 4개의 신전형태 석실묘가 있다고 살펴봤다.
그중 2개는 훼손됐고, 원형으로 발굴된 것이 2호묘 필리포스 2세 것과 3호
묘다. 필리포스 2세 무덤보다 1년 늦게 1978년 발굴한 3호묘 역시 신전형태

필리포스 2세 무덤 전실(前室)에서 출토된 도금양 잎과 꽃을 모티프로 한 금관.
기원전 336년 경. 베르기나 아이가이 왕실묘지박물관. ⓒ김문환

로 크기는 필리포스 2세 것보다는 약간 작다. 내부는 필리포스 2세 것처럼 전실과 현실 2개로 나뉜다. 전실은 비어 있었고, 현실에 은으로 만든 물병 히드라(Hydra) 형태의 유골함이 놓였다. 그리고 유골함 위에 금관이 씌워져 있었다. 참나무 잎을 모티프로 한 이 금관과 유골함의 주인공은 누구일까?

고고학자들은 기원전 323년 알렉산더가 급사한 뒤, 소그디아나 출신 첫째 왕비 록사나가 낳은 유복자 알렉산더 4세로 본다. 그는 기원전 309년 14살 소년으로 어머니와 함께 암살됐다. 암살을 지시한 인물은 알렉산더 사후 마케도니아 왕국의 실권을 장악한 카산드로스다. 알렉산더의 이복 여동생 테살로니카와 결혼했으니 고모부다.

가능성은 낮지만, 또 하나 금관의 주인공 후보는 필리포스 3세다. 알렉산더보다 3살 위 이복형이다. 그는 기원전 323년 알렉산더가 급사하고 마케도

니아 왕으로 추대됐지만, 디아도코이(Diadochoi, 후계자들)로 불리던 알렉산더 부하장군들 얼굴마담으로 있다 기원전 317년 죽는다.

정복왕 알렉산더의 금관은?

여기서 이제 궁금증에 대한 답을 내려 보자. 아버지 필리포스 2세, 아들 알렉산더 4세나 이복형 필리포스 3세 무덤에 부장품으로 금관이 들어 있었다. 그렇다면 알렉산더 역시 무덤에 부장품으로 금관을 넣는 당시 풍습을 따랐을 가능성이 높다. 정복왕 알렉산더의 무덤을 찾아가면 쉽게 알 수 있는 일인데… 그게 미궁으로 빠졌다.

알렉산더가 바빌론에서 기원전 323년 급사하자, 부하들은 마케도니아 풍습인 화장 대신 알렉산더가 정복한 이집트의 기술자들을 불러 이집트 식으

알렉산더 4세(알렉산더의 아들) 추정 묘 현실(玄室)에서 출토된 참나무 잎 금관. 기원전 309년 경. 베르기나 아이가이 왕실묘지박물관. ©김문환

왕실 묘지 출토 은제 유물들. 기원전 336년 경. 베르기나 아이가이 왕실묘지박물관. ⓒ김문환

왕실 묘지 출토 무기들. 기원전 336년 경. 베르기나 아이가이 왕실묘지박물관. ⓒ김문환

로 방부처리, 즉 미라를 만든다. 미라를 화려한 석관에 넣어 고국 마케도니아 왕실묘지로 운구한다. 예정대로 라면 아버지 무덤 옆에 묻혔을 거다. 그런데, 이집트를 장악한 총독 프톨레마이오스 장군이 자신의 정통성을 강조

프톨레마이오스 장군. 알렉산더 석관을 탈취해 알렉산더 무덤을 이집트 알렉산드리아에 만든다. 기원전 4세기. 루브르박물관. ⓒ김문환

알렉산드리아. 기원전 323년 급사한 알렉산더의 무덤이 설치된 장소다. ⓒ김문환

알렉산더. 기원전 4세기. 이스탄불 오리엔트 고고학박물관. ©김문환

카라칼라 황제. 3세기. 알렉산더의 무덤을 마지막으로 참배한 로마 황제.
이후 알렉산더 무덤은 역사에서 사라진다. 루브르박물관. ©김문환

하기 위해 알렉산더 운구행렬을 습격해 석관을 탈취한 뒤, 알렉산드리아에 무덤을 만들었다.

이 무덤은 그리스계 프톨레마이오스 장군의 8대손이자 프톨레마이오스 왕조의 마지막 왕인 클레오파트라 7세가 로마의 옥타비아누스에게 패한 뒤, 로마 지배시기에도 남아 있었다. 하지만, 로마 카라칼라 황제(재위 211년~217년)가 참배한 뒤로 기록에서 사라진다. 역사의 뒤안길에 묻힌 알렉산더 무덤이 언젠가 알렉산드리아에서 금관과 함께 발굴될지 모를 일이다.

트라키아 초화(草花)형 금관, 그리스 영향 받았나?

마케도니아 북방 불가리아로 올라가자. 고대 트라키아로 불린 불가리아는 북으로 스키타이 남으로 그리스 문명권과 맞닿았다. 트라키아 오드리시아 왕조는 기원전 4세기에서 기원전 3세기 불가리아 카잔룩을 중심으로 여러 유적과 유물을 남긴다.

불가리아 수도 소피아역사박물관에 찬란하게 빛나는 금관도 그중 하나다. 금테에 초원의 포식자 조각을 붙인 금관은 스키타이문화의 영향을 말해준다. 트라키아 금관에는 북으로 스키타이 황금문화와 공예기술은 물론 남쪽 그리스문화의 특징도 나타난다. 그리스문화의 영향을 확인할 수 있는 현장 유적으로 가보자.

불가리아 중부 내륙도시 카잔룩은 트라키아 오드리시아 왕조의 수도였다. 이곳에 수도를 세운 세우테스 3세(재위 기원전 331년~기원전 300년)의 이름을 따 고대에는 세우토폴리스로 불렸다. '폴리스'라는 이름에 그리스문명의 영향이 엿보인다. 카잔룩에는 유네스코 세계문화유산으로 지정된 기원

골야마 코스마트카. 트라키아 오드리시아 왕조 세우테스 3세 고분. 산처럼 거대하다.
불가리아 카잔룩. ©김문환

전 4세기~기원전 3세기 오드리시아 왕조 무덤이 여럿 남았다. 그중 가장 큰 골야마 코스마트카는 세우테스 3세 무덤이다. 2004년 발굴됐다. 일견 산처럼 보이는 거대 봉분이 탐방객을 압도한다. 마치 신라 황남대총 봉분을 보는 느낌이다.

봉분 안에는 돌로 만든 석실이 설치됐다. 긴 연도를 지나 석실로 들어가면 시신이나 유골을 안치하던 관대(棺臺)가 보인다. 침대 형태다. 돌을 깎아 만든 관대 맡에 나뭇가지를 소재로 한 금관이 놓였다. 카잔룩 박물관에 전시중인 실물 금관은 잎이 무성한 나뭇가지가 빼곡하게 달려 화려하게 반짝인다. 초화형(草花型) 금관이다.

트라키아 오드리시아 왕조는 기원전 347년~기원전 342년 그리스 마케도

석실 관대(棺臺). 오른쪽 끝에 금관이 보인다. 복제품.
불가리아 카잔룩 골야마 코스마트카. ⓒ김문환

세우테스 3세 금관. 기원전 3세기. 골야마 코스마트카 출토.
불가리아 카잔룩박물관. ⓒ김문환

세우테스 3세 두상. 기원전 3세기. 골야마 코스마트카 출토. 불가리아 카잔룩박물관. ⓒ김문환

니아 왕국에 정복당했다. 그 때 마케도니아 왕이 정복왕 알렉산더의 아버지 필리포스 2세다. 필리포스 2세에게 정복당한 트라키아의 피지배 왕조 왕으로 세우테스 3세가 기원전 331년 즉위한다. 이때는 알렉산더가 왕위를 이어받고 기원전 334년 페르시아 원정을 떠난 뒤다.

세우테스 3세는 알렉산더가 본국에 없는 틈을 타 마케도니아 지배에 반기를 들고 이후 독립적인 세를 유지한다. 여기서 궁금해진다. 트라키아를 정복하며 그리스 문화를 전파한 마케도니아에서도 여성들에게 금관문화가 보편화 됐을까? 부장품이 아닌 실생활에서도 금관을 썼을까?

12. 그리스 여성은 금관, 남성은 투구인가?

신라 석굴암 불상 그리스 영향, 금관은?

경주 토함산으로 올라가보자. 금관과 함께 신라 대표문화유산으로 꼽히는 석굴암이 맞아준다. 1995년 유네스코 세계문화유산으로 등재된 국보 24호 석굴암 불상의 발상지는 간다라다. 오늘날 파키스탄 북부, 아프가니스탄, 우즈베키스탄 남부, 타지키스탄을 간다라라고 부른다.

간다라는 기원전 327년 알렉산더가 정복하면서 그리스인 지배로 들어간다. 기원전 246년 그리스계 셀레우코스 왕조의 총독 디오도투스가 간다라에 박트리아 왕국을 세운다. 그리스문화를 향유했던 박트리아는 그리스 조각 예술에 불교를 합쳐 간다라 불상을 탄생시킨다.

얼마 뒤 중국 서부 타림분지에 살던 월지가 기원전 170년경부터 훈(흉노)에 쫓겨 서쪽으로 이동한 끝에 기원전 138년 경 박트리아를 무너트린다. 월지의 5개 부족 가운데 쿠샨(貴相, 귀상)이 30년 경 쿠샨제국을 세워 불교를 수호하며 간다라 불상을 각지로 전파시킨다.

불상은 실크로드를 타고 중국을 거쳐 우리나라에도 전파된다. 751년 경 김대성이 건축한 석굴암 본존불은 그 결정판이다. 알렉산더에서 촉발된 그리스 조각술이 1000여년 지나 신라에서 꽃핀 결과다. 신라를 상징하는 불교

디오도투스. 간다라에 기원전 246년 그리스계 박트리아 왕국을 세운 그리스인.
우즈베키스탄 테르미즈 박물관. ⓒ김문환

문화예술의 정수, 석굴암 불상은 그리스 조각술 아래 탄생한 거다. 신라의
금관도 그리스의 금관문화와 관련이 있을까?

알렉산더 탄생 그린 유일한 작품

레바논 베이루트 국립박물관으로 무대를 옮긴다. 좀 생뚱맞기는 하다.
초원의 길과 실크로드를 오간 금관 문화사를 조명하는 자리에 지중해 동안
의 레바논으로 가는 것이 말이다. 알렉산더와 관련해 흥미로운 모자이크 관
련 작품을 보기 위해서다. 현대 지구촌을 살아가는 사람이라면 지구상에서
명멸했던 수많은 문명지 가운데 레바논을 기억해야 한다. 영어를 표현하는
알파벳, 즉 라틴문자를 비롯해 그리스 문자나 러시아 문자를 포함한 지구촌

펠라. 마케도니아의 두 번째 수도. 알렉산더가 태어난 곳이다. ©김문환

모든 알파벳의 조상인 페니키아 문자의 발상지가 레바논이기 때문이다. 기원전 12세기에서 기원전 11세기 페니키아인들은 소리나는 대로 무엇이든 받아 적을 수 있는 간단한 부호 22개의 알파벳을 만들었다.

지금까지 발굴된 가장 오래된 페니키아 알파벳이 적힌 아히람왕 석관 옆으로 큼직한 모자이크가 전시돼 있다. 제목은 『알렉산더의 탄생』. 바닥의 질척거림을 방지하는 건축기법인 동시에 아름다운 무늬를 표현하는 예술기법인 모자이크는 기원전 4세기 그리스에서 움을 틔운다. 로마시대 화려하게 만개하는데, 『알렉산더의 탄생』도 그중 하나다. 가운데 아버지 필리포스 2세가 앉아 있고, 오른쪽 위로 어머니 올림피아스 왕비가 자리한다. 갓 난 알렉산더를 님프가 목욕시키는 이 장면은 그리스 신화 『아킬레스의 탄생』을 패러디한 작품이다. 알렉산더는 자신을 아킬레스의 화신으로 여겼다.

펠라 모자이크 유적. 대형 건물의 바닥을 장식했던 모자이크가 2천년 세월을 넘어
오롯하다. 기원전 4세기. ⓒ김문환

알렉산더 탄생을 다룬 로마시대 모자이크. 오른쪽 위가 어머니 올림피아스. 가운데 앉은
남자가 필리포스 2세다. 레바논 출토. 2-3세기. 베이루트 국립박물관. ⓒ김문환

알렉산더를 목욕시키는 님프. 레바논 출토. 2-3세기. 베이루트 국립박물관. ⓒ김문환

마케도니아 남성 무덤 투구와 무기

이제 테살로니키 북쪽 펠라(Pella)로 가보자. 베르기나에 이어 마케도니아 왕국 2번째 수도이자 알렉산더가 태어난 고향이다. 마케도니아 왕국 궁정 유적이 잘 남아 있고, 마케도니아 시기 모자이크도 오롯이 남아 마케도니아의 전성기를 증언해 준다. 유적지 옆에 새로 지은 펠라박물관은 주변 마케도니아 유적지에서 출토한 다양한 유물을 전시중이다. 마케도니아는 스파르타와 아테네가 펠로폰네소스 전쟁(기원전 431년~기원전 404년)으로 패권 다툼을 벌이며 지칠 대로 지친 사이 강국으로 떠오른다.

필리포스 2세(재위 기원전 359년~기원전 336년)때 스파르타를 제외한 나머지 그리스 도시국가들을 누르고 군사정치적인 우위를 확보한다. 그 바탕은 강력한 군사력이었다. 펠라박물관에 전시된 마케도니아 무덤출토 유물을 보면 이를 잘 이해할 수 있다. 남자들 무덤에서는 투구와 방패, 칼 같은 무

마케도니아 남성 무덤 출토 유물. 기원전 6세기. 펠라박물관. ⓒ김문환

남성무덤 유물. 투구부터 각종 무기류.
기원전 550년~기원전 540년. 펠라박물관.
ⓒ김문환

기류가 출토된다. 일부 황금 유물도
있지만, 주력은 어디까지나 무기류
다. 사후세계에서도 군사적 무용을
강조할 만큼 마케도니아의 특징은
군사력이었다.

남성무덤 유물. 투구와 꽃무늬 황금 입가리개.
기원전 550년~기원전 540년. 펠라박물관. ⓒ김문환

남성무덤 유물. 투구와 황금 입가리개, 방패.
기원전 6세기 말. 펠라박물관. ⓒ김문환

남성무덤 유물. 투구와 황금 입가리개.
기원전 6세기 말. 펠라박물관. ⓒ김문환

마케도니아 여성무덤 금관

펠라박물관에서 보는 여성무덤 유물은 성격이 판이하다. 길게 늘어서 장관을 이루는 여성무덤 출토유물 가운데 한사람 분량만 떼어내 보자. 기원전 550년에서 기원전 540년 사이 만들어진 여성 무덤의 발굴 사진부터 본다. 화장이 아니라 시신을 매장한 모습이다. 유골 머리 부분에 금관을 쓴 장면이 눈에 들어온다. 이제 사진에서 출토 유물로 눈길을 돌린다.

우선 머리 부분. 원형 테에 꽃무늬 장식을 붙인 금관(Diadem)이 반짝인다. 마케도니아 왕실이나 귀족 사회에서 매장이든 화장에 관계없이 여성의 경우 금관을 주된 부장품으로 넣은 점이 엿보인다. 그러니까, 금관이 권력이라기보다는 상위 계급이라는 권위, 혹은 부의 상징이란 점을 알 수 있다. 금관 밑으로는 눈가리개, 입가리개, 귀걸이, 황금마스크를 넣기도 했다.

마케도니아 여성무덤 출토 유물. 기원전 6세기. 펠라박물관. ⓒ김문환

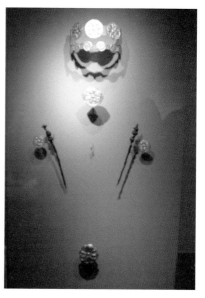

마케도니아 여성무덤 발굴당시대로 복원한
모습. 기원전 550년~기원전 540년.
펠라박물관. ⓒ김문환

금관 1 여성무덤 발굴 금유물.
기원전 550년~기원전 540년.
펠라박물관. ⓒ김문환

금관 2 여성무덤 발굴 금장식과 입가리개. 기원전 550년~기원전 530년.
펠라박물관. ⓒ김문환

금관 3 여성무덤에서 발굴한 금장식과 입가리개, 비녀.
기원전 550년~기원전 525년. 펠라박물관. ⓒ김문환

금관 4 여성무덤에서 발굴한 금장식,
눈가리개, 입가리개, 귀걸이.
기원전 6세기 말. 펠라박물관 ⓒ김문환

여성무덤에서 발굴한 황금 마스크와 금 유
물. 기원전 550년~기원전 540년. 펠라박물관.
ⓒ김문환

여성무덤에서 발굴한 황금 마스크와 금장식,
귀걸이. 기원전 540년. 펠라박물관.
ⓒ김문환

여성무덤에서 발굴한 황금관 테(대륜). 기원전 6세기. 테살로니키 고고학박물관. ⓒ김문환

아프로디테는 금관, 아레스는 투구

세계 3대 미항으로 불리는 이탈리아 나폴리로 가보자. 79년 거대한 화산 폭발로 정상부가 날아간 베수비오 화산이 병풍처럼 둘러선 나폴리항은 아름답기 그지없다. 이탈리아 가곡 산타 루치아에 등장하는 나폴리 산타 루치아 항은 고풍스러운 성을 품에 안는다. 자연미에 인공미가 더해진 나폴리항에서 그리 멀지 않은 지점에 나폴리국립박물관이 자리한다. 베수비오 화산의 폭발 때 잿더미에 묻혔다 되살아난 폼페이는 로마문명이 살아 숨 쉬는 백과사전이다.

폼페이에는 이동할 수 없는 건물유적이 자리하고, 움직일 수 있는 주요유물은 나폴리국립박물관에 이사 왔다. 폼페이 탐방 시 나폴리국립박물관을 꼭 봐야 하는 이유다. 로마인들은 실내 바닥에는 모자이크를 깔고 벽에는 프레스코 그림을 그렸다. 로마의 기본 실내디자인 개념이다. 폼페이에서 나폴리국립박물관으로 옮긴 프레스코 가운데 『아프로디테와 아레스』라는 작

폼페이 출토 로마 프레스코. 그리스 신화 아레스와 아프로디테의 사랑. 1세기.
아레스는 투구를 아프로디테는 황금관을 쓴 모습이다. 나폴리국립박물관. ⓒ김문환

품이 눈길을 끈다.

　그리스 신화 미의 여신 아프로디테가 정숙한 여인 표정으로 앉아 있고,
그 뒤로 건장한 체격의 아레스가 서 있다. 포즈는 좀 민망하다. 아레스가 아
프로디테의 가슴을 손으로 만진다. 옆에는 둘 사이 아들인 사랑의 신 에로
스가 날아다니며 사랑에 불을 지핀다. 아프로디테가 남편 헤파이스토스를
두고 정부인 아레스를 몰래 만나는 장면인데 우리가 눈여겨 볼 대목은 두
사람의 머리다. 아프로디테 머리에는 금관을 썼다. 반면 아레스는 금빛으로
빛나는 투구다. 금관의 모티프는 장미꽃 등의 식물 소재로 초화형이라는 대
목에서 신라나 가야금관과 맥이 닿는다. 신라의 일부 여성추정용 금관도 마
찬가지다. 그리스 헬레니즘 문화가 낳은 화려한 초화형 금관의 세계로 들어
가 보자. 그리스 금관과 동양금관의 관계가 더 잘 보인다.

13. 지중해에서 가장 화려한 헬레니즘 금관은?

침대에 앉은 여인 머리 위 금관

그리스 문명의 상징적인 명소. 아테네로 가보자. 고대 그리스는 단 한 번도 단일국가를 이뤄본 적이 없다. 그리스라는 나라는 1822년 오스만투르크 제국에서 독립을 선언하면서 처음으로 생겼다. 그 수도가 아테네다. 그러다 보니 현대인들은 그리스 수도 이미지를 고대로까지 확대시켜 아주 오랫동안 아테네가 그리스 수도였던 것으로 오해한다.

아테네는 기원전 6세기 말 이후 그리스 문명권의 맹주였다. 정치 군사적으로는 물론 민주주의, 학문, 예술 전 분야에 걸쳐 그리스 문명을 상징하고도 남는 도시국가 폴리스였다. 인구는 20만 명으로 많지 않았지만, 대제국 페르시아의 침략을 막아냈다. 고대 서양문명의 정수를 모아 집대성한 아테네의 위상은 아무리 강조해도 지나치지 않다. 아테네고고학박물관은 서양문명이 아니더라도 인류문명사에 관심 있는 사람이라면 꼭 한번 천천히 둘러봐야 하는 역사 탐방 장소다. 신석기 농사문명 초기부터 미케네 문명, 아테네 전성기, 알렉산더 이후의 헬레니즘 과학문명, 로마에 정복당한 뒤의 로마시기까지를 증언하는 주옥같은 유물들로 가득하다.

금관 추정 관을 쓴 그리스 여인 도자기그림. 기원전 410년. 아테네 고고학박물관. ⓒ김문환

그중 도자기 전시실에서 기원전 410년 경 적색인물기법 도자기로 시선을 고정시켜 보자. 여인이 침대에 앉았다. 잠자리에 들기 전 옷을 벗는 장면이다. 머리로 관심을 돌리자. 반짝이는 금관을 썼다. 자세히 보면 잎사귀를 소재로 한 초화형 금관이다. 여성들이 일상에서 금관을 쓰고 생활했다고 추정해 볼 수 있다. 여성만이 아니다. 행사장에 가거나 특히 심포지온 등에 참석할 때 남성들도 금관을 썼다. 죽고 나서 단순히 부장품으로 넣는 용도만이 아니었다. 현실 세계에서 부와 권위를 내세우는 용도였다. 그러다 보니 화려한 금관 제작 경쟁이 있었을 것임은 불문가지다.

황금+청금석의 화려한 색 조화, 도금양 금관의 세계

테살로니키고고학박물관으로 다시 가보자. 경쟁적으로 화려하게 만들었던 금관들이 세련된 자태를 뽐내며 탐방객을 기다린다. 폭이 넓은 원형

테, 대륜 위에 각종 세움 장식을 얹는 형식의 디아뎀(Diadem)보다 굵은 철사 굵기의 동그란 황금이나 청동 테에 황금 나뭇잎을 매다는 형식의 리스(Wreath)가 주를 이룬다. 나뭇잎은 참나무와 도금양, 올리브, 월계수 잎을 주로 쓴다.

헬레니즘 초기 기원전 350년에서 기원전 300년 사이 만들어진 도금양 금관을 보면 잠시 넋을 빼앗긴다. 황금 철사 위에 도금양의 잎과 꽃을 다양한

도금양 금관. 라피스 라줄리 장식이 남색으로 돋보인다(좌하단). 다양한 형태의 잎사귀와 꽃모양을 표현했다(우하단).
기원전 350년~기원전 300년. 마케도니아. 테살로니키고고학박물관. ⓒ김문환

형상으로 빚어 매달았다. 고대사회 금보다 비쌌던 보석, 라피스 라줄리(청금석)로 꽃잎과 꽃술을 표현해 노랑과 청색의 화려하면서도 오묘한 색대비가 보는 이의 탄성을 자아낸다. 찬란하게 빛나는 도금양 금관은 탐방객의 넋을 잠시 빼앗는데 부족함이 없다. 무성한 잎은 물론 꽃송이에 나비가 날아드는

도금양 금관. 기원전 4세기~기원전 3세기. 마케도니아. 테살로니키고고학박물관. ⓒ김문환

훈족 초화형 금관. 기원전 3세기~1세기. 내몽골. 호화호특 내몽골 박물원. ⓒ김문환

모습까지 생생하게 표현해 더욱 아름답다. 초화(草花)를 넘어 정원을 금관에 구현해 놓았다.

헬레니즘 시기 금관의 특징은 세밀한 세공술로 풍부한 다양성을 구현했다. 내몽골 초원 오란찰포에서 출토된 훈족 금관(wreath)은 헬레니즘 금관(wreath)과 제작시기는 물론 보석으로 장식한 꽃 표현기법에서 닮은 꼴이다. 박트리아를 통한 그리스문명 접촉 가능성을 배제할 수 없다.

헬레니즘 금관, 신이나 인물을 조각해 넣어

헬레니즘 시대 마케도니아를 비롯해 그리스에서는 도금양 외에 참나무 잎도 금관 소재로 널리 쓰였다. 필리포스 2세 금관도 참나무 잎으로 만들었다. 헬레니즘 시기 금관의 특징은 금관에 신이나 인간을 새겨 넣었다는 점이다. 테살로니키고고학박물관의 참나무 잎 금관은 4장의 참나무 잎 중앙에 아테나 여신의 얼굴을 새겼다.

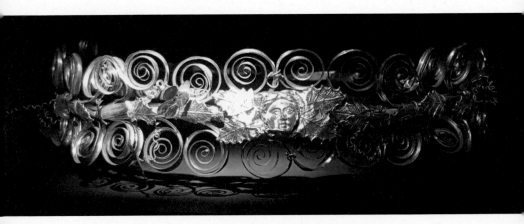

참나무 잎 금관. 아테나 여신의 얼굴을 새겼다. 기원전 4세기~기원전 3세기.
테살로니키고고학박물관. ⓒ김문환

헬레니즘 금관. 에로스 신을 새겼다. 기원전 325년~기원전 300년.
아테네고고학박물관. ⓒ김문환

헬레니즘 금관. 다양한 보석을 넣어 아름다움을 더했다. 이탈리아 반도 출토.
기원전 4세기~기원전 3세기. 루브르박물관. ⓒ김문환

　　아테네고고학박물관에는 사랑의 신 에로스가 서 있는 모습을 새긴 금관
이 기다린다. 리스가 아닌 디아뎀 형태인데, 나선형 무늬를 다수 넣었다. 루
브르에서는 이탈리아 반도 남부 그리스인들 거주지역에서 출토한 기원전 3

세기 디아뎀 스타일 금관을 전시중이다. 나뭇잎 사이로 다양한 보석을 박아 더욱 아름답게 빛난다. 런던 대영박물관으로 가도 참나무 잎이 무성한 헬레니즘 시기 금관을 만날 수 있다.

헬레니즘 시기 트라키아, 에트루리아의 화려한 금관

불가리아 카잔룩의 트라키아 고분으로 발길을 돌린다. 기원전 5세기~기원전 4세기 만들어진 석실묘 내부는 무덤 주인의 일상을 그림으로 표현했다. 무덤 주인공 부부가 정다운 포즈로 호화로운 의자에 앉은 모습을 보자. 남편은 오른손에 그릇을 들고 음료를 마신다. 눈을 감고 고개를 숙인 아내나 남편 모두 머리에 반짝이는 노란색 관을 썼다. 금관을 착용했음을 알려준다.

트라키아 석실 무덤. 기원전 5세기~기원전 4세기. 불가리아 카잔룩. ⓒ김문환

금관 추정 관을 쓴 부부 프레스코. 기원전 5세기~기원전 4세기.
불가리아 카잔룩. ©김문환

맹수 소재 트라키아 금관. 기원전 4세기~기원전 3세기.
불가리아 소피아 국립역사박물관. ©김문환

실생활에서도 쓰고, 부장품으로도 넣었던 금관이 남아 있을까? 불가리아 수도 소피아 역사박물관으로 가보자. 기원전 4세기에서 기원전 3세기 초원의 맹수를 소재로 한 금관이 트라키아 금관의 새로운 면모를 보여준다. 앞서 트라키아 세우테스 3세 고분에서 나온 금관은 마케도니아 스타일처럼 나뭇잎을 소재로 만들었다. 그리스 금관의 영향을 말해준다. 하지만, 이 금관은 다르다. 맹수는 트라키아와 북으로 접했던 스키타이의 상징이다. 스키타이의 영향도 있었음을 말해준다.

무대를 이탈리아 반도 중부지방의 고대 도시 타르퀴니아로 옮겨보자. 에트루리아인들의 도시다. 에트루리아는 기원전 751년 로물루스가 로마를 세

에트루리아 무덤 벽화. 그리스식 심포지온 장면을 그렸다.
기원전 5세기~기원전 3세기. 타르퀴니아. ⓒ김문환

웠을 때 함께 한 협력 민족이다. 이후 로마와 연정을 펼치다 결국 로마에 복속된다. 하지만, 문자를 비롯해 다양한 생활문화를 그리스에서 먼저 전수받아 로마로 전하는 문명 선진국이었다.

타르퀴니아 에트루리아 무덤들은 고유한 문명의 자취를 남긴다. 무덤 벽에 벽화를 그렸는데, 그리스식 심포지온 장면이 눈길을 끈다. 그리스인들이 심포지온에 금관을 쓰고 나타났듯 에트루리아인들도 금관을 썼을 것이다. 파리 루브르박물관이나 런던 대영박물관에는 에트루리아의 나뭇잎 소재 금

에트루리아 나뭇잎 금관. 기원전 5세기~기원전 3세기. 루브르박물관 ©김문환

에트루리아 나뭇잎 금관. 기원전 5세기~기원전 3세기. 대영박물관. ©김문환

관들이 에트루리아의 금관 문화를 들려준다.

유라시아 대륙 서쪽 끝 스페인의 헬레니즘 시기 금관들

유라시아 대륙 서쪽 끝으로 가보자. 경주의 신라나 가야의 김해 등은 유라시아 대륙 동쪽 끝에 해당한다. 반대편 서쪽 끝은 이베리아반도 스페인이다. 스페인에는 기원전 8세기부터 지중해 동쪽의 페니키아인들과 그리스인들이 교역을 위해 찾아왔다. 식민도시는 물론 교역도시를 건설해 페니키아 문명과 그리스문명의 잔영을 남겼다. 스페인에서 많은 페니키아문자 석판이나 그리스도자기들이 출토되는 이유다.

그중 금관도 있을까? 스페인 수도 마드리드의 국립고고학박물관으로 발길을 옮겨보자. 그리스의 문화가 이베리아반도에서 꽃폈던 헬레니즘 시대 기원전 4세기에서 기원전 3세기 그리스의 영향을 받아 제작된 황금유물들이 찬란하게 빛나며 탐방객을 맞아준다. 금관도 마찬가지다. 그리스 금관

이베리아 반도 스페인의 헬레니즘 시기 금관1. 기원전 4세기~기원전 2세기.
마드리드 국립고고학박물관. ©김문환

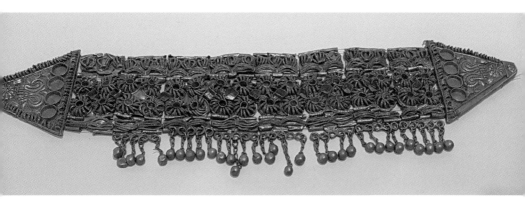

이베리아 반도 스페인의 헬레니즘 시기 금관2. 정교한 세공술을 보여준다.
기원전 4세기~기원전 2세기. 마드리드 국립고고학박물관. ⓒ김문환

금관을 쓴 여인 복원도. 기원전 4세기~기원전 2세기.
마드리드 국립고고학박물관. ⓒ김문환

(Diadem)의 영향을 받은 정교한 금세공술의 금관이 여러 점 전시 돼 유라시
아 대륙 전체에 퍼졌던 금관문화를 증언한다. 머리에 수건을 두르듯 이마
전체를 빙 둘러 감싸는 형태다. 대륙 양 끝에 고리가 달려 이마와 머리를 감

싼 뒤 끈으로 묶었음을 알 수 있다. 모형을 만들어 금관을 씌워 놓았으면 훨씬 실감이 날 텐데… 누금기법을 비롯한 정교한 가공 솜씨, 그리고 상감기법으로 보석을 박은 흔적이 있어, 헬레니즘 시기(기원전 331년~기원전 30년) 특유의 화려한 면모를 한껏 뽐냈을 것으로 보인다. 여기서 궁금해진다. 헬레니즘 시대 화려한 나뭇잎 소재 금관의 기원은 무엇일까? 언제부터 나뭇잎을 소재로 초화(草花)형 금관을 만들었을까?

헬레니즘 금관. 기원전 300년~기원전 280년. 가운데 아테나 여신을 새겼다.
대영박물관. ⓒ김문환

헬레니즘 금관. 기원전 200년~기원전 180년. 가운데 에로스를 새겼다.
이탈리아반도 출토. 대영박물관. ⓒ김문환

14. 올림픽 월계관이 금관의 모델이 되었나?

1936년 손기정 마라톤 금메달과 항일 필화사건

1936년 8월 1일 독일 베를린. 제11회 현대 올림픽의 막이 올랐다. 히틀러가 체제 선전용으로 기획한 올림픽 성화는 이 때 처음 불타올랐다. 16일 여정의 중간인 9일 마라톤 경기가 열렸다. 대한의 청년 손기정이 '손 기테이'라는 일본이름으로 감격의 1등을 거머쥐었다. 2시간 29분 2초. 올림픽 신기록. 2등을 차지한 영국 선수를 건너 대한의 남아 남승룡이 3위라는 쾌거를 일궜다. 이들은 시상식에서 일장기를 달았다. 식민지 현실이었다. 하지만, 이를 보도한 국내 신문들은 달랐다. 베를린 시상식장과 달리 가슴 일장기를 지운 사진을 내보냈다.

민족지사 몽양 여운형이 사장으로 있던 『조선중앙신문』이 먼저 일장기를 지우고 내보냈다. 하지만, 인쇄 상태가 좋지 않은 탓에 총독부 검열관도 이를 알아채지 못했다. 『빈처』의 현진건이 문화부장으로 있던 『동아일보』가 두 번째로 일장기를 지운 사진을 실었다. 그만 시설이 좋았던 탓에, 선명하게 인쇄돼 총독부 사후 검열에 걸렸다. 기자들은 붙들려갔고, 『조선중앙신문』과 『동아일보』는 정간됐다. 『동아일보』는 10달 뒤 복간돼 오늘에 이르지만, 『조선중앙신문』은 끝내 문을 닫고 말았다. 시상식장의 손기정과 남승룡

올림피아 경기장 입구. ©김문환

올림피아 스타디움. 이 경기장에서 각종 경기가 펼쳐졌다. ©김문환

헤라신전. 올림픽 성화 채화장소. ⓒ김문환

선수 사진을 보자. 머리에 나뭇잎 관을 썼다. 고대 그리스 올림픽에서도 이 런 나뭇잎관 수여문화가 있었을까? 있었다면 나뭇잎관은 월계관일까?

고대 그리스 올림픽 체육분야 우승 올리브관

파리 루브르박물관으로 가보자. 기원전 6세기 그리스 도자기에 레슬링 선수 2명이 머리에 나뭇잎으로 만든 관을 쓰고 나온다. 기원전 776년 시작 된 고대 올림픽 우승자에게는 요즘처럼 메달이 아닌 나뭇잎으로 만든 관을 씌웠다. 흔히 월계수 잎으로 만든 월계관(Laurel Wreath)을 떠올린다. 하지 만, 올리브관(Olive Wreath)이다. 올림픽의 발상지 올림피아로 가면 올림피 아의 최고신 제우스를 섬기는 제우스신전 터가 남았다. 올리브나무가 신전 주변을 에워싼다. 여기서 올리브가지를 잘라 올리브관을 만들었다. 야자수

올리브관을 쓴 올림픽 레슬링 선수 도자기 그림. 기원전 6세기. 루브르박물관. ⓒ김문환

올리브관을 손에 든 올림픽 달리기 선수 도자기 그림. 기원전 6세기. 루브르박물관. ⓒ김문환

체육선생에게 승리의 올리브관을 씌워주는 제자들 조각. 오른쪽 제자는 승리를 상징하는
야자수 가지를 들었다. 아테네 출토. 3세기. 아테네고고학박물관. ⓒ김문환

잎 역시 승리와 우승을 상징하는 기념물이었다.

올리브관과 야자수 가지를 든 선수는 로마시대 동전의 주된 모델이었다.

불가리아 소피아 국립역사박물관
에서 이를 확인한다. 올리브관을 쓰
는 사람은 올림픽 우승자만이 아니
었다. 그리스에서는 평소 청소년 교
육의 대부분을 체력단련에 쏟았다.
체육교사에게 제자들이 올리브관을
씌워주는 아테네고고학박물관 조각
유물에서 스승존경의 정신이 묻어
난다.

올리브관과 야자수 가지를 손에 든 올림픽
선수 주화. 3세기 초.
불가리아 소피아 국립역사박물관. ⓒ김문환

황금 올리브관. 기원전 4세기. 그리스 테살로니키고고학박물관. ⓒ김문환

올리브관을 머리에 쓴 우승선수 조각

올리브잎을 본따 만든 황금 올리브관이 테살로니키고고학박물관을 비롯

황금 올리브관을 쓴 우승선수 얼굴 조각.
2세기. 아프로디시아스 박물관. ⓒ김문환

해 여러 박물관에서 탐방객을 기다
린다. 부장품으로 썼다는 얘기다.

터키 내륙 아프로디시아스 박물
관에서는 올림픽 선수의 머리에 황
금 올리브관을 씌운 조각을 만난다.
도자기나 동전 속 그림이 아닌 조각
이어서 더욱 실감난다. 올림픽 경
기가 너무 힘들었나? 피곤에 지친
표정의 젊은 선수가 눈을 반쯤 감
고 맥이 탁 풀린 표정으로 입을 다

올림피아 제우스 신전과 올리브 나무. 여기서 만든 올리브관을 수여했다. ©김문환

문 채 시선을 약간 아래로 내리깐다. 장거리 달리기를 막 끝냈거나, 레슬링과 권투 같은 격투 경기를 끝내 지칠 대로 지친 표정이 역력하다. 그런 가운데, 금관을 쓰고 탐방객의 축하 인사를 받으려니 힘들 법도 하겠다. 안쓰러운 올림픽 우승 선수를 뒤로 하고, 월계관은 무엇인지 들여다보자.

고대 올림픽 문학 분야의 월계관

월계관은 잘못 알려진 것인가? 그렇지는 않다. 월계관이 허구는 아니다. 올림픽에서 올리브관도 우승선수에게 수여했지만, 월계관도 줬다. 하지만, 대상이 달랐다. 요즘 올림픽은 16일 이하로 열도록 규정돼 있다. 그러니, 상업적으로 올림픽을 최대한 활용해야 하는 개최국은 16일을 꼬박 채운다. 16일 모두 체육경기로만 가득하다. 고대 올림픽은? 기원전 776년 1회 대회는

하루 열렸다. 하지만, 차츰 경기종목이 추가되고 나중에 5일로 개최일 수가
늘어났다.

월계관. 기원전 4세기. 에르미타주박물관. ©김문환

월계관. 기원전 4세기. 테살로니키고고학박물관. ©김문환

체육경기만 있었나? 그렇지 않다. 시낭송 경연의 문학 분야가 있었다. 로마황제 네로가 올림피아 올림픽에 참가해 우승한 분야가 리라를 켜며 서정시를 낭송하는 문학 분야였다. 이 문학 경연에서 우승하면? 그때 월계관을

월계관. 기원전 4세기. 펠라박물관. ⓒ김문환

월계관. 이탈리아 반도 출토. 기원전 4세기. 대영박물관. ⓒ김문환

씌워줬다. 피렌체 출신으로 르네상스의 비조가 된 단테가 『신곡』 가운데 3편 「천국」의 제25장을 쓰던 1310년대 고국 피렌체 시민에게 자신을 '계관시인(Poet Laureate, 桂冠詩人)'으로 맞이해 줄 것을 희망한다. 월계관을 쓴 시인이라는 뜻의 '계관시인'. 영국에서는 1616년 스튜어트 왕조의 제임스 1세 때 시작한 '계관시인'의 전통은 고대 올림픽에서 나왔다. 다시 궁금해진다. 왜 월계관일까?

월계수는 바람둥이 문학 수호신 아폴론 상징

영화 『글래디에이터(Gladiator)』를 촬영한 장소, 튀니지의 엘젬으로 가보자. 엘젬은 로마시대 만든 거대한 원형경기장으로 이름 높다. 로마의 콜로세움 다음으로 큰데, 콜로세움과 달리 바닥이 원형대로 남아 영화촬영에 제격이다. 근처 엘젬박물관은 주옥같은 로마 모자이크 작품들로 가득하다. 이곳에 눈물 없이 볼 수 없는 애달픈 사연의 여주인공 모자이크가 탐방객의 마음을 적신다.

사연은 이렇다. 고대 그리스에서 문학과 예술을 수호하는 신 아폴론은 바람둥이다. 그가 요정 다프네를 사랑했다. 물론 육체적인 사랑이었으리라. 그녀와 합방을 원했지만, 다프네는 순결을 지키고 싶었다. 아폴론이 욕망을 이루고자 다프네에게 달려들고, 다프네는 필사적으로 도망가고… 이때 다프네의 아버지인 강의 신 라돈이 사랑스런 딸의 순결을 지키기 위해 딸을 나무로 바꿔 버렸다. 그 나무가 월계수다.

요즘 같으면 강력한 사법처리 대상이 될 아폴론은 다프네를 잊지 못하고 월계수를 자신의 신성한 나무, '성수(聖樹)'로 삼는다. 다프네가 월계수로 변

월계관 쓴 아폴론. 다프네를 향해 달려간다. 다프네가 도망치자 아버지 라돈이 다프네를 월계수로 변신시킨다. 3세기 모자이크. 튀니지 엘젬박물관. ©김문환

하는 순간을 담은 모자이크에 잠시 숙연해진 마음을 정리하고, 그럼 언제부터 월계관을 수여했는지 살펴보자.

올림픽 문학 우승 월계관을 일상의 명예 상징으로

고대 신에게 올리는 제전은 올림피아에서 4년마다 열리는 올림픽 경기 하나만 있었던 게 아니다. 아폴론을 섬기던 델포이 아폴론 신전 신탁소 피티아(여신관)가 주관하는 피티아 제전도 기원전 590년부터 시작됐다. 이때 문학 경연 우승자에게 월계수 잎으로 만든 관을 줬다. 이 풍습이 문학과 체육 분야로 나뉜 올림피아의 올림픽으로 전파돼, 문학분야 우승자에게 월계관을 주는 전통으로 이어졌다.

이렇듯 영예를 상징하는 월계수관은 일상에서도 활용됐다. 연극공연, 신

도금양관. 기원전 4세기. 에르미타주박물관. ⓒ김문환

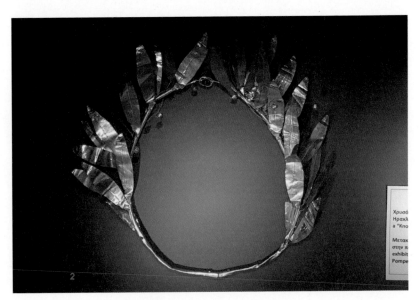

도금양관. 기원전 4세기. 테살로니키고고학박물관. ⓒ김문환

도금양관. 기원전 4세기. 펠라박물관. ©김문환

담쟁이 잎관. 기원전 4세기. 테살로니키고고학박물관. ©김문환

담쟁이 잎관. 에트루리아. 기원전 4세기 말. 대영박물관. ©김문환

담쟁이 잎관. 에트루리아. 기원전 4세기 초. 대영박물관. ⓒ김문환

담쟁이 잎관. 에트루리아. 기원전 2세기 초. 대영박물관. ⓒ김문환

참나무잎관. 2세기. 루브르박물관. ⓒ김문환

참나무잎관. 기원전 350년~기원전 300년. 대영박물관. ⓒ김문환

전행사, 심포지온 등 행사장에 최고위 신분이나 공직자들은 월계관을 쓰고 나타났다. 월계수 나뭇잎도 활용했지만, 금으로 만든 월계관도 썼다. 황금 월계관 유물은 당연히 부장품으로도 넣어줬다. 도금양, 담쟁이덩굴 잎이나 참나무 잎으로 만든 관도 널리 쓰였다.

　고대 그리스 마케도니아 왕국 시절 다양한 유물을 다수 소장하고 있는 테살로니키박물관으로 다시 가보자. 그리스 북부지방 아이네이아 2호묘를 발굴 복원해 놨다. 무덤조성과 부장품 풍습을 들여다 볼 수 있는 기회다. 유골을 안치한 함 주변으로 생활용품과 함께 나뭇잎을 소재로 한 초화형 금관(Wreath)이 보인다. 이 묘는 기원전 350년에서 기원전 325년 사이 조성된 것으로 젊은 여성과 태아 유골을 화장해 안치한 것으로 밝혀졌다. 무덤에서

생활용품과 금동관을 부장품으로 넣은 아이네이아 2호묘 석실 내부.
기원전 350년~기원전 325년. 테살로니키고고학박물관. ©김문환

금동관. 아이네이아 2호묘 출토. 기원전 350년~기원전 325년.
테살로니키 고고학박물관. ©김문환

수습해 박물관에 전시중인 관은 청동으로 만든 뒤 금을 입힌 도금(鍍金)관이다. 왕실 묘에는 순금 관을 넣고, 귀족이나 기타 부유한 일반인의 경우 금동관을 넣었다. 올림픽의 영광이 일상으로 이어졌음을 알 수 있다.

그리스 신화 피그말리온 머리에도 월계관

루브르박물관으로 가보자. 루브르는 고대 유물을 소장하는 박물관의 대명사인 동시에 중세부터 르네상스를 거쳐 19세기 초 고전파와 사실주의 화단의 명화들을 소장전시중이다. 밀레를 중심으로 한 자연주의와 인상주의 작품은 오르세미술관이나 오랑주리미술관에서 미술애호가들을 기다린다. 루브르의 그림 중에 신고전주의 작가로 명성을 얻는 안느 루이 지로데(A. L. Girodet)의 1819년 작품이 눈길을 끈다.

피그말리온 월계관. 안느 루이 지로데.
1819년 작. 루브르박물관. ⓒ김문환

『피그말리온과 갈라테이아』. 피그말리온은 그리스 신화에 나오는 키프로스의 조각가다. 키프로스는 지금도 그리스어를 구사하는 그리스인들의 나라다. 피그말리온은 성적으로 문란한 키프로스의 여인들을 멀리했다. 대신, 요정 갈라테이아를 이상적으로 아름답게 조각한 뒤, 연정을 품었다. 사람이 조각을 사랑하는 말도 안 되는 간절한 러브스토리에 미의 여신 아프로

향연에서 월계관을 쓴 모습. 기원전 5세기. 에르미타주박물관. ⓒ김문환

그리스신화 속 인물 월계관. 1세기. 나폴리국립박물관. ⓒ김문환

디테가 감응해 조각을 사람으로 만들어 준다. 둘이 행복하게 사는 해피엔딩인데, 이 그림에서 피그말리온의 머리를 보자. 월계관을 썼다. 향연에서 일반인이 월계관을 활용하는 것에 더해 신화 속 인물을 묘사할 때도 월계관을 씌웠던 거다.

알렉산더 전투 투구, 헬레니즘 시대 왕… 모두 월계관

나폴리국립박물관 2층 모자이크 전시실로 가보자. 폼페이 파우노의 집 야외식당(엑세드라) 바닥을 장식했던 거대한 모자이크가 벽면 가득 장엄하게 펼쳐진다. 세로 3.13m에 가로 5.82m의 대작이다. 마케도니아의 정복왕 알렉산더와 당시 세계 최대제국 페르시아의 다리우스 3세가 벌였던 기원전 333년의 '이수스 전투'를 다룬 모자이크다. 무려 150만개의 미세한 테세라(tessera, 자연석, 도자기, 유리로 만든 작은 타일)를 사용한 '마그눔 오푸스(Magnum Opus, 대작)'다.

헬레니즘 시기 예술가들이 선호했던 흑(黑), 백(白), 적(赤), 황(黃)의 4색을 사용해 전체적으로 중량감 있고 장중한 분위기를 자아낸다. 전쟁과 승리라는 주제 표현, 나아가 세계사의 한 획을 그은 묵직한 사건에 적합한 색상이다. 치열한 전투장면에서 등장인물의 섬세하고 생생한 표정까지 놓치지 않은 빼어난 묘사실력에 혀를 내두른다. 헬레니즘 문명이 절정에 이른 기원전 200년 경 작품이다. 전투 뒤 1백 30여년이 지나 만들어진 건데, 원래는 알렉산더의 궁정화가 아펠레스의 그림이거나 기원전 4세기 말 화가 필록케노스의 그림을 모방 제작한 것으로 보인다. 1831년 출토돼 1843년 나폴리박물관으로 옮겨왔다. 놀라운 점은 투구 없이 전투를 치르는 알렉산더 뒤의 마

알렉산더 부하병사 투구 월계관. 기원전 2세기 모자이크.
폼페이 출토. 나폴리국립박물관. ⓒ김문환

프톨레마이오스 2세와 아르시노에 2세 월계관.
기원전 3세기. 에르미타주박물관. ⓒ김문환

케도니아 병사 투구다. 전쟁터에 나온 병사의 투구에도 승리를 상징하는 월계관을 금색으로 표현한 거다. 그 만큼 당대 월계관이 명예의 상징, 승리의 상징이 됐다는 것을 보여준다.

상트페테르부르크 에르미타주박물관에는 알렉산더와 함께 원정을 다녔고, 알렉산더 사후 이집트 총독을 거쳐 왕이 된 프톨레마이오스 장군의 아들 프톨레마이오스 2세와 부인 아르시노에 2세의 카메오 조각이 기다린다. 기원전 3세기 초 헬레니즘 시기 조각된 카메오 속 프톨레마이오스 2세 부부의 머리에도 어김없이 월계관이 씌워졌다. 헬레니즘 시대 지중해 연안 최대 부국이던 이집트 프톨레마이오스 왕조의 왕도 일상에서 월계관을 활용했음을 보여준다.

15. 로마황제는 그리스 월계관을 계승했나?

로마 여성경기의 화관과 야자수 가지

영화 『대부(Godfather)』에서 알파치노가 열연한 주인공 마이클이 총을 메고 낭만적인 주제음악을 배경으로 사냥 다니던 목가적 풍경의 이탈리아 시칠리아. 일찍부터 그리스인과 카르타고인이 문명의 꽃을 피우던 시칠리아 내륙 한가운데 피아짜 아르메리나에 로마시대 대저택 빌라(Villa) 유적이 남았다. 로마시대 바닥 장식기법으로 널리 쓰였던 4세기 모자이크가 대저택 바닥을 가득 메운다. 그중 '비키니의 방'에 비키니 차림의 여성이 꽃으로 만든 화관을 머리에 쓰고, 야자수 가지를 손에 든 모자이크가 눈길을 모은다. 체육경기 우승자다.

고대 그리스에서는 기원전 6세기 초부터 올림픽에 여자경기가 생겼다. 헤라여신을 기념해 헤라이아(Heraia)로

화관을 쓰고 야자수 가지를 든 여자선수. 4세기. 시칠리아 피아짜 아르메리나. ©김문환

올리브관을 쓰고 있는 권투선수 모자이크. 1세기. 나폴리국립박물관. ⓒ김문환

불렀다. 여성 올림픽 우승자는 소고기(희생의식 때 잡은 소)와 함께 올리브 관을 받았다. 그 올리브관이 로마시대 모자이크에 장미화관으로 바뀌어 등장한 거다. 야자수 가지는 현대에도 이어진다. 프랑스 칸 영화제의 대상인 팔므 도르(Palme d'Or, 황금 종려상)는 금으로 만든 야자나무 잎을 가리킨다. 프랑스어 팔므(Palme)는 야자수(종려, 棕櫚)다. 나폴리박물관에 가면 폼페이에서 출토한 올림픽 우승 선수 모자이크를 만난다. 손에 글러브를 낀 권투선수다. 이처럼 로마시대에도 그리스 전통을 이어 올림픽과 각종 경기에서 올리브관이나 화관을 승리의 상징, 영예의 상징으로 활용했음을 알 수 있다.

로마, 문학과 지성 표현에 월계관 사용

튀니지 수도 튀니스로 가보자. 튀니지는 아프리카에서 떠올리는 일반 이미지와 다르다. 흑인도 없고, 찌는 듯한 무더위나 열대우림도 없다. 지중해안 바닷가는 사철 아름답고 토지도 비옥하며 겨울에도 온화하다. 무엇보다 카르타고, 그리스, 로마를 거치면서 남긴 흘륭한 문화유산이 지천이다. 특히 최후의 승자 로마 모자이크는 지중해안 로마제국 영역에서 가장 많고, 예술성도 뛰어나다.

　카르타고 바닷가에서 육지 쪽으로 만든 수도 튀니스의 바르도박물관은 지구촌 로마모자이크의 최고봉이라는 말이 전혀 무색하지 않을 만큼 다양한 장르의 아름다운 모자이크들로 가득하다. 탐방객의 탄성이 끊이질 않는다. 그중 하나를 보자. 메난드로스(기원전 342년~기원전 292년) 모자이크다. 3세기 로마 모자이크 속 메난드로스는 머리에 월계관을 쓴 모습이다. 문학이나 지성을 상징할 때 로마시대 역시 그리스의 풍조를 이어간 거다.

월계관을 쓰고 있는 메난드로스. 3세기. 바르도박물관. ⓒ김문환

나폴리국립박물관으로 가서 폼페이 출토 프레스코의 세계에 빠져보자. 빼어난 미모의 여인도 무심한 표정의 남성도 머리에 월계관을 썼다. 남성들은 지식을 담은 파피루스 스크롤을 얼굴 가까이 올리고 골똘히 사색에 잠겼다. 메난드로스의 표정을 패러디한 거다. 메난드로스는 아테네 출신의 극작가다. 그가 태어나 활약한 시기는 헬레니즘 초기다. 알렉산더가 그리스 전역을 정복하고 그의 사후 각 지역을 분할한 마케도니아 출신 장군들의 왕조시기다. 아테네 희곡이 전성기를 이루던 기원전 5세기 인간의 심연을 들여다보는 비극, 현실정치를 풍자하는 희극을 쓸 수 있었다. 하지만, 헬레니즘 왕정제 아래서는 불가능했다. 인간성에 대한 깊은 성찰도, 정치풍자도 사라진 가운데, 사소한 신변잡기와 애정사의 인정 희비극이 주요 소재였다. 이런 풍조는 제국으로 변한 로마 황제정에도 그대로 이어졌다. 메난드로스가

월계관을 쓰고 있는 여인 프레스코. 1세기. 폼페이 출토. 나폴리국립박물관. ⓒ김문환

담쟁이 잎관을 쓰고 두루마리 책을 든 남성. 1세기. 폼페이 출토. 나폴리국립박물관. ⓒ김문환

월계관을 쓰고 두루마리 책을 든 남성. 1세기. 폼페이 출토. 나폴리국립박물관. ⓒ김문환

로마 희곡의 표본으로 로마시대 큰 영향을 미친 이유다.

로마 독재자 카이사르, 월계관으로 대머리 가려

영국의 고대 로마 도시 사이렌세스터(Cirencester, 키렌케스터)로 가보자. 영국에서 지명 뒤에 '세스터(-cester)', '체스터(-chester)'가 붙으면 로마시대 만들어진 유서 깊은 도시다. 축구의 도시 맨체스터를 비롯해 도르체스터, 윈체스터, 체스터가 그렇다. 사이렌세스터 박물관은 크지는 않지만, 각 분야 로마시대 유물로 다채롭다. 그중 로마의 공화정을 뒤엎고 종신 독재정 시대를 열었던 카이사르 주화가 눈길을 끈다. 기원전 45년 1월 종신독재관을 선

카이사르 주화. 로마에 독재정을 도입했다가 공화파에 암살된 인물이다.
머리에 월계관을 쓴 모습이다. 기원전 1세기 말. 영국 사이렌세스터 박물관. ⓒ김문환

언해 공화정에 종지부를 찍자마자, 3월 공화정을 지키려는 브루투스를 비롯해 원로원 공화파 의원들에게 암살된 카이사르 얼굴을 보자. 머리에 월계관을 쓴 모습인데, 카이사르와 월계관의 관계가 흥미롭다.

클레오파트라와 염문을 비롯해 바람둥이로 소문난 카이사르는 해가 지고 밤의 행사가 시작될 무렵이면 로마의 여인들을 만나러 다녔다. 카이사르가 해외 원정에서 돌아오면 마누라 간수 잘 하라는 말이 돌 정도였다니 여색에 탐닉한 카이사르의 면모가 엿보인다. 카이사르는 머리 숱이 적은 일종의 대머리인데 인기를 얻은 비결 가운데 하나는 무엇일까? 월계관으로 대머리를 가리고 밤의 조명을 받으니, 감쪽같이 나이와 대머리를 감출 수 있었다.

로마 초대 황제 옥타비아누스 부부 초화관

기원전 45년 3월 카이사르가 암살된 뒤, 후계자는 안토니우스로 여겨졌다. 하지만 베스타 신전에서 꺼낸 카이사르 유언장 속 후계자는 18살짜리 애송이 옥타비아누스였다. 카이사르 누나의 손자다. 체구도 작고 병약했던 옥타비아누스는 피바람을 불러일으킨다. 쟁쟁한 경쟁자들을 모두 물리치고 카이사르도 못했던 실질적 황제 자리에 오른다. 옥타비아누스는 카이사르처럼 분방하게 로마 여인들을 만나고 다니지는 못했다.

옥타비아누스는 재혼한 아내 리비아와 해로하는데, 둘의 조각을 파리 루브르에서 만나보자. 월계관으로 추정되는 관을 썼다. 옥타비아누스는 안토니우스와 결혼하며 그리스문명을 지키고자 했던 이집트 프톨레마이오스 왕조의 클레오파트라를 기원전 31년 악티움해전에서 물리치고, 기원전 30년 프톨레마이오스 왕조를 붕괴시킨다. 그 결과 기원전 331년 알렉산더가 페

초화관을 쓴 로마 초대 황제 옥타비아누스 조각. 기원전 1세기 말. 루브르박물관. ⓒ김문환

초화관을 쓴 옥타비아누스의 황후 리비아. 기원전 1세기 말. 루브르박물관. ⓒ김문환

르시아 다리우스 3세를 두 번째 격파하며 문을 연 그리스 주도의 헬레니즘 시대는 막을 내린다. 옥타비아누스는 비록 그리스시대에 종지부를 찍었지만, 문화는 그대로 이어받은 거다.

상트페테르부르크 에르미타주박물관으로 가보자. 에르미타주박물관은

월계관을 쓴 황후 리비아 카메오. 기원전 1세기 말. 에르미타주박물관. ⓒ김문환

월계관을 쓴 옥타비아누스, 황후 리비아, 네로. 1세기. 에르미타주박물관. ⓒ김문환

옥타비아누스의 증손녀이자 네로의 어머니 소아그리피나. 월계관을 쓴 모습. 1세기. 에르미타주박물관. ⓒ김문환

마르쿠스 아우렐리우스 황제의 아들로 월계관을 쓴 코모두스 황제. 2세기. 에르미타주박물관. ⓒ김문환

인류사 고대 문명의 주요 유물을 간직한 보고 가운데 하나다. 후진국이던 러시아가 이렇게 많은 유물을 소장할 수 있었던 비결 가운데 하나는 2차 세계대전이다. 동부전선에서 독일군을 물리치고 독일 수도 베를린에 입성한 소련군은 베를린에 보관돼 있던 유물들을 소련으로 실어냈다. 에르미타주 소장품 중에는 특히 헬레니즘과 로마 시대 카메오 조각이 눈에 띈다.

카메오(Cameo)는 석영질의 보석 마노(Agate)의 속을 파서 인물 등을 새긴 조각품을 말한다. 주로 황제나 신의 얼굴을 조각해 넣었다. 옥타비아누스와 황후 리비아, 고손자인 네로를 비롯해 옥타비아누스의 증손녀이자 아그리파 장군의 손녀로 네로의 어머니인 소아그리피나까지 카메오 속 인물은 모두 월계관을 머리에 쓴 모습이다.

그리스어로『명상록』을 썼던 스토아 철학자 마르쿠스 아우렐리우스는 지식은 뛰어났지만, 자식사랑에 그만 총기가 흐려졌다. 능력자에게 선양하는 5현제 시대 전통을 깨고 아들 코모두스에게 제위를 넘겨 로마 쇠락을 재촉한다. 그리스 태양신 헬리오스 차림의 코모두스 황제 카메오에도 월계관이 여지없이 등장한다.

디오클레티아누스, 콘스탄티누스 황제 월계관

로마 팔라쪼 마시모 박물관으로 무대를 옮겨보자. 역대 로마 황제들의 얼굴을 담은 주화를 만난다. 이 중 디오클레티아누스 황제(재위 283년~305년) 금화에 눈길을 건넨다. 금빛 번쩍이는 주화 속 황제는 머리에 관을 썼다. 월계관이다. 해방노예출신의 디오클레티아누스 황제는 '테트라키(Tetrarchy)'라는 정치 용어와 뗄 수 없다. 3세기 로마제국은 내부적으로 잇따른 쿠데타와

월계관을 쓴 디오클레티아누스 황제 금화.
3세기 말. 로마 팔라쪼 마시모 박물관.
ⓒ김문환

콘스탄티누스 황제에게 월계관을
씌위주는 티케여신. 4세기.
에르미타주박물관. ⓒ김문환

권력투쟁으로 극도의 혼란을 겪는
다. 외부적으로는 게르만족의 이동
이 격화되고 동부에서는 사산조 페
르시아가 등장해 로마의 국경을 넘
나들었다. 이때 황제에 오른 디오클
레티아누스는 효율적인 의사결정
과 적의 침략에 신속히 대응하기 위
해 제국을 4분할 통치한다. 우선 동
서로마로 나눠 황제(아우구스투스) 2
명이 다스리고, 그 아래 각각 부황
제(카이사르)를 둬 실질적으로 4분할
통치하는 체제다.

그리스어 4를 가리키는 테트라
(tetra)를 넣어 4인 정치체제라는 뜻
의 '테트라키'가 나왔다. 테트라키
아래서 동로마 황제 디오클레티아
누스는 부황제로 갈레리우스를 임
명하고 테살로니키를 거점 삼아 통
치하도록 했다. 오늘날 테살로니키
에 많은 로마 유적과 유물이 남은
이유다. 테트라키 아래서 로마는 잠
시 부흥의 날갯짓을 편다.

디오클레티아누스가 서방황제로 임명한 막시미아누스 밑의 부황제는 콘스탄티우스 1세였다. 그 아들이 콘스탄티누스다. 디오클레티아누스 황제가 약속대로 20년 통치 뒤 305년 권좌에서 물러나자 권력을 혼자 쥐려는 자들의 경쟁이 시작된다. 콘스탄티누스는 아버지 콘스탄티우스1세와 술집 여인 헬레나 사이 아들이었다. 속된말로 천한 신분이었다. 아버지에게 버림받은 어머니 헬레나는 이후 기독교에 귀의한다, 능력으로 현실을 개척하던 콘스탄티누스는 306년 아버지가 급사하자 부하 병사들에 의해 황제로 옹립됐다. 스코틀랜드에서 반란군을 진압하던 콘스탄티누스의 나이는 불과 18살, 애송이였다.

게르만족을 상대로 무자비한 승리를 거두면서 자신감을 찾은 콘스탄티누스는 과거 서로마 황제 막시미아누스의 아들 막센티우스를 312년 로마

하드리아누스 황제의 동성애 파트너이던 그리스출신 안티노우스가 담쟁이 잎관을 쓴 모습. 2세기. 에르미타주박물관. ⓒ김문환

밀비오 다리에서 물리치고 서로마를 장악한다. 24살 나이로 원로원으로부터 '막시무스(Maximus, 위대한)' 호칭을 받은 그는 동로마 황제 리키니우스와 공동으로 313년 밀라노에서 기독교를 공인한다. 이후 324년 리키니우스와 동맹을 깨고, 결전을 벌여 승리하며 단독 지배자 자리에 오른다. 이어 수도를 로마에서 콘스탄티노플로 옮긴다. 티케 여신으로 부터 월계관을 받는 콘스탄티누스 카메오 조각은 직업여성의 아들에서 로마 황제에 오른 인생역전의 승리를 잘 담아낸다.

살아서 금관을 쓰던 로마 여인들

나폴리국립박물관으로 장소를 다시 옮긴다. 폼페이에서 출토한 프레스코들은 당시 로마 생활상을 생생하게 보여준다. 이런 유물들이 의미를 갖는 이유는 황제나 최상류층 사람들의 삶이 아닌 폼페이 시가지내 평범한 시민들의 일상을 고스란히 담아낸 데 있다. 1만5000명이 살던 시가지내 숱한 주택 가운데서 걷어온 프레스코는 시민의 삶이 녹아든 삶의 기록 그 자체다. 장삼이사, 필부필부들의 생활모습이어서 더욱 소중한 폼페이 유물 가운데 여인 프레스코를 보자.

딥티콘(Diptychon)이라 불리는 목판 공책과 펜을 손에 들고 무엇인가 골똘하게 생각에 잠기는 표정이 당시 교양 있는 여성의 상징이었다. 마치 남성들이 파피루스 스크롤을 들고 사색에 잠기는 것처럼 말이다. 남성들은 머리에 월계관을 쓰지만, 여성은 다르다. 화려하게 금으로 된 관, 주로 금망사관을 썼다. 금반지나 귀걸이, 목걸이 같은 화려한 보석은 덤으로 따라간다. 그러니까 금관이 권력과 무관하게 여인들 화려함을 강조하는 수단이란 점

재물과 부귀를 상징하는 여신 크레시스. 여신은 오른쪽인데 얼굴이 훼손된 상태고 시중드는 여인이 머리에 금관을 쓴 모습이다. 3세기. 안타키아 하타이 고고학박물관. ⓒ김문환

귀부인이 금관을 쓰고 거울을 보며 장신구를 단다. 3세기. 튀니지 바르도박물관. ⓒ김문환

머리에 금 망사관을 쓴 여인 그림. 1세기. 폼페이 출토. 나폴리국립박물관. ⓒ김문환

을 알 수 있다. 터키 안타키아 하타이 고고학박물관, 튀니지 바르도박물관의 로마 모자이크 속 여인들도 머리에 화려한 관을 빠트리지 않는다.

코미사티오(연회)에 쿠로네스(월계관) 써

남자들의 경우도 예외는 아니다. 튀니지 엘젬박물관에 있는 3세기 로마 모자이크를 보자. 원형기장에서 벌어지는 검투경기를 바라보는 관중석 모습을 담아냈다. 구경하는 남자 관중들 머리를 보자. 5명의 인물 가운데 왼쪽 두 번째와 세 번째 인물은 머리에 그리스 태양신 헬리오스 차림의 금관을 썼다. 돈이 많은 부자라는 것을 알려준다. 당시 사회풍조를 반영한 작품이다. 코미사티오(Comissatio)라고 부르는 연회, 일종의 작은 축제 참가자들은 머리에 월계관을 썼다. 라틴어로 쿠로네스(Couronnes)라고 불렀다. 이때는 남녀 구분이 없었다. 여인들은 사후세계에서도 금관을 놓지 않았다.

원형경기장과 관중석 모습 모자이크. 3세기. 튀니지 엘젬박물관. ©김문환

원형경기장과 관중석에 앉은 사람들이 모두 머리에 금관을 쓰고 있는 모습.
3세기 모자이크. 튀니지 엘젬박물관. ©김문환

로마시대 무덤 복원 모습. 여인이 머리에 금관을 얹은 모습이다. 1세기.
루마니아 콘스탄타박물관. ⓒ김문환

로마시대 이집트에 살았던 여인의 관에 그려
진 생전 모습. 머리에 금관을 쓴 모습이다.
2세기. 루브르박물관. ⓒ김문환

　　루마니아의 흑해연안 도시 콘스
탄타박물관으로 가보자. 루마니아
흑해연안은 로마제국 시절 동쪽 맨
끝 지점이다. 1세기 로마 여인 무덤
복원 모형을 보면 머리에 소박한
형태의 금관을 얹었다. 복원 말고
실제 장례풍습을 담은 유물에서도
이런 내용을 확인할 수 있다. 이집
트 안티노폴리스에서 출토한 3세기
목관 표면에 그려진 여인의 차림새
가 흥미를 끈다. 망자는 목에 커다
란 금목걸이를 찬 것은 물론 머리
에 보석으로 장식한 금관을 쓰고 있다. 로마의 이런 일상속 금관, 월계관
문화가 기독교나 예수님 가시면류관에 어떤 영향을 미쳤을까?

제4부
신화와 금관의 기원

16. 예수님 가시관의 기원은 로마시대 화관?

예수님 가시관을 다룬 문학예술

싱어송 라이터 돈 맥클린의 1971년 『아메리칸 파이(American Pie)』. 빌보드 싱글차트 4주 연속 1위를 기록한 LP판 8분 31초의 긴 노래 중간에 다음 구절이 나온다. "The jester stole his thorny crown(어릿광대는 가시면류관을 훔쳤지)." 이어 "I admire most The Father, Son, and the Holy Ghost(내가 가장 존경하는 성부와 성자와 성령)"이란 가사가 흐른다. 'thorny crown'을 직역하면 '가시관'이지만 흔히 '가시면류관'이라 부른다.

향토정서를 담아내던 김동리가 1955년 11월부터 『현대문학』에 연재한 뒤 펴낸 장편 『사반의 십자가』. "로마 병사들은 예수에게 자줏빛 옷을 입히고, 가시면류관을 씌운 뒤…"라는 내용이 눈에 띈다. 유대의 대로마 독립투쟁이라는 역사적 사실에 '사반'이라는 가공인물을 내세운 탁월한 플롯의 소설에도 '가시면류관'은 빠지지 않는다. 최고지위를 상징하는 자줏빛 옷을 처형당하는 예수님에게 입혔을 가능성은 없지만, 중세 이후 예수 그리스도를 그린 성화에 자주색 옷과 가시관은 꼭 따라붙는다. 예수 그리스도를 상징하는 가시면류관의 기원을 따라가 본다.

십자가. 십자가 속 예수님 머리에 가시관이 씌워져 있다. 17세기 십자가.
키예프 라브라보물관. ⓒ김문환

'가시면류관'의 사실성과 이름의 적절성

2017년 3월 1일 서울 세종대로에서 열린 탄기국(대통령 탄핵기각을 위한 국민운동본부) 주최 집회에 가시관을 쓰고, 나무십자가를 든 남자가 나타났다. 박근혜 전 대통령 탄핵을 예수의 고난에 비유한 거다. 신성모독인지, 표현의 자유인지는 민주사회에서 받아들이는 시민 몫이다.

풍속문화사의 관심은 가시면류관이 과연 있었는지에 대한 탐구다. 『마태복음』27장 29절에 "가시면류관을 엮어 그 머리에 씌우고 갈대를 그 오른손에 들리고…"라는 대목이 나온다. 하지만, 예수 그리스도가 처형당할 때 가시관을 썼는지 증명하기는 쉽지 않다. 공식 사료로 남은 내용이 없기 때문이다.

분명한 것은 사실성 여부를 떠나 우리말 번역 '가시면류관'은 적절하지 않

면류관. 명나라 역대 황제 무덤인 북경 교외 명13릉 중에서 명나라 3대 황제인 영락제(재위 1402년~1424년)의 무덤, 장릉(長陵) 출토물. 장릉 전시관. ⓒ김문환

십자가 처형. 이탈리아 파도바 출신 르네상스 화가 안드레아 만테냐의 1457년 작. 가운데 십자가 속 예수님 머리에 가시관이 씌워져 있다. 루브르박물관. ⓒ김문환

가시관과 십자가 못 박힌 처형 그림. 루브르박물관. ⓒ김문환

다는 점이다. '면류관(冕旒冠)'이란 한자말을 풀어보자. 면(冕)은 관, 류(旒)는 구슬을 매단 줄을 가리킨다. 면류관은 왕이나 황제가 쓰는 관으로 졸업식 때 쓰는 사각모자처럼 생겼다. 앞뒷면에 12개의 구슬을 꿴 줄 12개를 매단 형태다. 가시관을 이렇게 만들 수는 없는 노릇이니, 가시 면류관이란 말 대신, 그냥 '가시관'이라는 직역이 더 어울린다.

르네상스 성화에 등장하는 예수 그리스도 가시관

이탈리아 르네상스 시기 명화들을 다수 소장하고 있는 파리 루브르박물관 2층으로 가보자. 르네상스를 풍미했던 파도바 출신 안드레아 만테냐가 나무 위에 그린 67㎝×93㎝ 크기의 유화 한 점에 눈길이 머문다. 조선에서 세조의 왕위 찬탈과 조카 살해가 이뤄지던 1457년부터 2년간 레오나르도 다빈치의 스승격인 만테냐가 그렸다. 장소는 임진왜란이 한창이던 1595년 영국의 문호 세익스피어가 쓴 『로미오와 줄리엣』의 무대 이탈리아 베로나의 산 제노 성당 제단이다. 나폴레옹이 이탈리아를 침공한 뒤 1798년 강탈해 온 바로 그해부터 루브르박물관에 전시중인 일종의 장물이다. 작품이름은 '십자가 처형(Cruxifixion)'.

3개의 나무 십자가에 매달려 처형되는 사람들, 어울리지 않게 르네상스 풍 옷을 입은 로마 병사들, 성모 마리아가 제각각의 표정을 짓는다. 예수님이 처형된 예루살렘 갈보리 언덕임을 한눈에 알 수 있다. '갈보리'는 영어 '칼바리(Calvary)'의 우리말 표현이다. '칼바리'의 어원은 라틴어 '칼바리아(Calvaria)'다. '칼바리아'는 그리스어 '골고다(Golgotha)'에서 나왔다. '골고다'는 예수님을 비롯해 당시 유대인들이 널리 사용하던 아람어(메소포타미아와

십자가 가시관1. 18세기 유화. 이탈리아 베네치아 출신 화가 지안도메니코 티에폴로
(1727년~1804년) 작품. 마드리드 프라도 박물관. ⓒ김문환

십자가 가시관2. 18세기 유화. 이탈리아 베네치아 출신 화가 지안도메니코 티에폴로
(1727년~1804년) 작품. 마드리드 프라도 박물관. ⓒ김문환

시리아 지역에서 쓰던 말) '굴갈타(Gulgaltha, 해골)'의 그리스식 표현이다.

만테냐의 '십자가 처형'에서 3개의 십자가 중 가운데 인물이 예수 그리스

도임을 어떻게 알 수 있을까? 2가지다. 하나는 십자가 위에 적힌 'INRI(IESVS ·NAZARENVS·REX·IVDAEORVM, 나자렛의 예수, 유대의 왕)'문구다. 로마풍습은 십자가 처형 시 이름표 '티툴루스(Titulus)'를 써 붙였다. 티툴루스 'INRI' 말고 또 하나, 양쪽 십자가의 잡범들과 달리 머리에 가시관이 씌워진 점도 가운데 인물이 예수 그리스도임을 알려준다.

로마시대 예수 그리스도 그림. 자줏빛 토가

이제 루브르박물관 2층 르네상스 그림 전시실에서 한층 아래 로마시대 유물관으로 내려간다. 여기서도 예수 그리스도 관련 유물을 만난다. 사실 예수 그리스도가 처형됐을 것으로 추정되는 1세기 중반 40년 전후한 시기 예수 그리스도를 묘사한 조각이나 그림을 찾을 수는 없다. 로마제국의 변방 속주 유대 땅에서 일어난 사건에 대해 당시 로마인들이 관심을 가졌을 가능성은 없다. 하지만, 점점 기독교가 퍼지고 특히 4세기 초 313년 콘스탄티누스 황제가 밀라노 칙령으로 기독교를 공인하면서 상황이 달라진다.

교회가 합법화되고 재산을 소유하면서, 예수 그리스도 관련 예술작품을 선보인다. 당시 로마 건축물 실내장식에서는 바닥에 모자이크를 설치하고 벽에 프레스코를 그렸으며 군데군데 조각을 세웠다. 프레스코는 건물이 무너지면서 파손돼 거의 남아 있지 않지만, 바닥에 설치했던 모자이크는 다르다. 건물이 무너져도 잔해 아래 그대로 남았다. 루브르박물관에서 만나는 4세기 모자이크 속 예수 그리스도는 오색의 긴 드레스를 입고, 자줏빛 토가를 둘렀다. 김동리의『사반의 십자가』에 묘사된 바로 그 자줏빛 옷. 당시 로마 풍속은 어떤 것이었을까?

예수 그리스도 모자이크. 로마시대 4세기. 자줏빛 토가에다 머리에 장미화관을 썼다.
루브르박물관. ⓒ김문환

로마시대 예수 그리스도. 가시관 아닌 장미화관

자줏빛 염료는 고대 페니키아 상인들이 이집트나 메소포타미아, 그리스
등에 팔던 최고급 염료다. 자줏빛 염료로 물들인 옷은 권위, 왕권을 상징했
다. 로마도 이런 문화를 그대로 받아들였다. 초기 로마 왕정의 왕들, 그리고
원로원 의원의 상징은 자줏빛 토가였다. 공화정 시기 원로원 의원들을 거
쳐 기원전 1세기 말 황제정 이후에도 마찬가지다. 황실을 상징하는 색이다.
기독교 역시 4세기 로마제국 아래서 공인됐다. 황제보다 더 위에 있는 예수
그리스도를 자줏빛 토가로 장식하는 것은 자연스럽다.

예수 그리스도의 양 팔 아래로 유대인이 신성시하는 7갈래 촛대 메노라
(Menorah)를 축약시킨 형태의 촛대가 놓였다. 후대 지워진 것으로 추정되는

예수님 얼굴 뒤로는 신을 상징하는 둥근 후광(Halo)이 뚜렷하다. 머리를 보자. 우리의 관심사, 예수 그리스도 머리에 가시관을 씌웠을까? 모자이크를 찬찬히 뜯어보면 가시관이 아니다. 고난을 상징하는 가시 대신 봄꽃의 여왕 장미 화관을 쓴 모습이다. 4세기 기독교 모자이크에서 예수님 머리에 장미 화관을 씌우는 기법은 어디서 나온 것일까?

로마시대 계절의 여신 장미화관

북아프리카 튀니지 엘젬에 가면 콜로세움에 이어 현존하는 지구상 두 번째 규모의 로마 원형경기장이 반긴다. 긴지름이 148m, 짧은 지름이 122m. 검투가 펼쳐지는 경기장 바닥지름은 64m×39m다. 3층으로 된 관중석을 64개의 아치가 받치고 있는 원형경기장의 관중 수용규모는 3만 5천명. 1985년 잠실종합운동장이 완공되기 전 대한민국에서 가장 크던 동대문운동장의 3만 명보다 많다. 3세기 초 당시 로마 총독이 만들었다. 17세기까지 완벽한 외형을 자랑했지만, 이슬람 도시 케루안의 모스크 재건 과정에 석재조달을 위해 헐리고 만다.

그래도 보존 상태가 좋아 영화촬영 장소로 쓰였는데, 1979년 영국 코미디 영화『브라이언의 삶(Life of Brian)』이 그렇다. 예수님과 같은 날 옆집에서 태어난 브라이언이 구세주로 오인돼 벌어지는 배꼽 잡는 이야기다. 2000년 아카데미 5개 부문 수상의『글래디에이터(Gladiator)』역시 여기서 찍었다.

원형 경기장 근처 엘젬박물관에 전시중인 사계절 여신 모자이크를 보자. 봄의 여신은 머리에 장미화관을 썼다. 루브르박물관에서 본 예수님 모자이크의 장미화관과 같은 모양새다.

봄의 여신 모자이크. 3세기. 머리에 장미화관을 썼다. 튀니지 엘젬박물관. ©김문환

예수님 처형시기 로마 황제… 클라우디우스, 네로 월계관

예수님이 30대 초반에 세상을 구하러 나온 뒤, 복음을 전하다 처형되고 기독교가 퍼져나가기 시작한 시점을 대략 서기 40에서 50년경으로 본다. 이 시기 로마 황제는 4대 클라우디우스(재위 41년~54년), 5대 네로(54년~68년)다. 루브르박물관에 있는 클라우디우스황제 조각과 네로황제 주화는 초화관을 쓴 모습을 담았다. 세속의 최고 지도자에게 초화형 관을 씌운 만큼, 그보다 위인 예수그리스도에게 화관을 씌운 것은 자연스럽다.

중세는 어땠을까? 터키 이스탄불 소피아성당으로 가서 동로마제국 시기 13세기 예수 그리스도 모자이크를 보면 위엄 있는 얼굴에서 찬란한 빛을 발할 뿐 가시관은 보이지 않는다. '가시관'의 수난 장면은 중세를 지나며 르네상스 작품에서 나타난다. 결론적으로 로마시대 기독교도들은 당시 지배층

클라우디우스황제 조각. 1세기. 머리에 초화관을 쓴 모습이다. 루브르박물관. ©김문환

의 풍속을 따라 예수님 머리 위에 화관을 얹었고, 후대 수난을 강조하는 의미에서 가시관으로 바꿨음을 유물은 말해준다. 로마시대 신들에게는 어떤 관을 씌웠을까?

네로황제 주화. 1세기. 머리에 월계관을 쓴 모습이다. 루브르박물관. ©김문환

1년의 신, 1년간 생산되는 과일과 작물을 관으로

초기 동방 7대 교회가 있던 터키로 가보자. 남부 시리아 접경지대 안타키아는 고대 안티옥(Antioch)으로 불렸다. 알렉산더 이후 헬레니즘 시대와 로마시대 번영을 이어가던 도시다. 징기스칸의 손자 훌라구의 군대가 유린한 도시이기도 하다. 안타키아는 헬레니즘과 로마시대 주옥같은 모자이크들을 전시하는 하타이 고고학박물관으로 이름 높다. 1930년대 프랑스 점령시기 만들어져 건물은 초라하지만, 모자이크는 튀니지 바르도 박물관과 함께 지중해 연안 최고 수준이다.

그리스신화 포도주의 신 디오니소스를 묘사한 작품으로 눈길을 돌린다. 포도주 한잔 걸친 거나한 모습으로 시종 사티로스와 시녀 마에나드를 대

디오니소스 모자이크. 로마시대 3세기. 디오니소스와 마에나드는 포도잎사귀 관,
사티로스는 풀잎 관을 썼다. 터키 안타키아 하타이 고고학박물관. ©김문환

아이온(영원의 신) 모자이크. 3세기. 머리에 월계관을 썼다. 엘젬박물관. ⓒ김문환

1년 신 모자이크. 3세기. 머리에 1년에 걸쳐 두루 피고 지는 다양한 꽃과 작물을 관으로
만들어 얹었다. 엘젬박물관. ⓒ김문환

마에나드1. 머리에 포도송이와 잎사귀 관을 쓰고 춤을 춘다. 3세기. 엘젬박물관. ⓒ김문환

마에나드2. 머리에 나뭇잎 관을 쓰고 춤을 춘다. 3세기. 엘젬박물관. ⓒ김문환

동한 디오니소스. 상반신을 나신으로 드러낸 채 자줏빛 망토를 왼쪽 어깨에 걸쳤다. 머리를 보자. 포도잎사귀로 만든 관을 썼다. 그 옆 마에나드 역시 포도잎사귀 관, 사티로스는 잡풀로 만든 관을 쓴 모습이다. 로마시대 모자이크 작가들은 신을 묘사할 때 이렇게 꽃이나 꽃잎 소재의 초화관을 씌웠다. 엘젬박물관에서 만나는 디오니소스의 시녀 마에나드 머리에도 포도송이와 잎사귀가 얹혀있다. 그리스 신화에서 영원을 상징하는 무한대 개념의 신 아이온도 머리에 월계관을 썼다. 1년을 상징하는 신이 쓴 관은 웃음을 자아낸다. 1년간 생산되는 과일과 작물을 잔뜩 머리에 올려놨으니 말이다.

코브라를 손에 쥐고 월계관을 쓴 이집트 여신 이시스

외국에서 로마로 유입된 신 가운데 가장 인상적인 유물로 남는 신은 누구일까? 나폴리국립박물관으로 다시 가보자. 시스루 복장의 흰 망사 옷을 입은 여인이 비스듬히 눕듯 앉았다. 젖꼭지가 드러나는 복장이다. 오른손을 내밀어 누군가를 잡고 있는데, 왼손에는 검은 코브라가 감겼다. 이집트에서 유입된 이시스 여신이다. 그런데 머리에는 월계관을 쓴 그리스로마 스타일이다. 이것이 그리스로마문화의 특징이다. 알렉산더 이후 그리스 문화와 이방 문화가 융합돼 새로이 출현한 양상을 헬레니즘의 특징으로 꼽는다.

중앙아시아로 온 그리스 조각술은 불교와 만나 불상을 탄생시켰다. 이집트로 간 그리스 문명은 태양신 아몬을 태양신 아폴론이나 최고신 제우스에 접목시켰다. 코브라를 주요 장신구 소재로 썼고, 이집트의 미라 풍습

이집트에서 들어온 이시스 여신. 머리에 월계관을 쓰고 손에는 코브라를 쥔 모습이다. 1세기. 폼페이 출토. 나폴리국립박물관. ©김문환

게. 그리스신화 태초의 여신 게. 머리에 월계수 잎은 물론 다양한 꽃과 과일로 만든 관을 쓴 모습이다. 3세기. 베이루트 국립박물관. ⓒ김문환

도 받아들였다. 다신교전통이던 그리스도 로마도 이집트 종교에 문호를 열어 현모양처의 전형인 이시스 여신을 자국 내 으뜸가는 여신 반열에 올려준다. 국제사회 다양한 문화와 민족, 언어가 섞이는 코스모폴리타니즘 (Cosmopolitanism)을 구현했던 그리스로마문화의 진면목이다.

태초의 여신 게는 월계수 잎은 물론 다양한 꽃과 식물을 혼합한 관을 쓴 모습으로 베이루트 국립박물관에서 탐방객을 기다린다. 여름여신은 밀 이삭을 머리에 쓴다. 지중해 연안에서 여름은 밀을 수확하는 계절이기 때문이다. 곡물의 신 케레스는 당연히 곡물과 꽃으로 만든 관을 머리에 쓴다. 식물에서 벗어나 좀 더 화려한 보석관도 쓰는데, 루브르박물관의 암피트리테(바다의 신 포세이돈의 아내), 터키 가지안테프박물관의 데이다메이아(아킬레스의 아내) 모자이크가 그런 경우다.

여름여신. 머리에 밀 이삭으로 만든 관을
썼다. 3세기. 영국 사이렌세스터 박물관.
ⓒ김문환

곡물의 신 케레스. 머리에 곡물과 꽃으로
만든 관을 썼다. 1세기. 나폴리국립박물관.
ⓒ김문환

암피트리테. 머리에 금관을 썼다. 2세기.
루브르박물관. ⓒ김문환

보석장식관을 쓴 여신 모자이크. 3세기.
튀니지 바르도박물관. ⓒ김문환

데이다메이아. 아킬레스를 붙잡고 있는 데이다메이아가 머리에 금관을 쓴 모습. 2세기.
터키 가지안테프 제우그마 모자이크박물관. ⓒ김문환

추상명사를 의인화한 그리스 로마 기법, 금관

그리스 로마 모자이크는 추상명사를 사람형상으로 표현하는 의인화(擬人
化, Personification) 기법을 널리 활용했다. 가령 우리는 '축하'라는 '글자'를 쓰
고 말지만, 이들은 '축하'를 의미하는 '글자'에 더해 '축하'를 상징하는 여신얼
굴을 그려 넣는다. 터키 안타키아 하타이 고고학박물관으로 가서 이를 확인
해 보자. 소테리아. 5세기 모자이크다. 소테리아는 '부활'을 상징한다. 황금
색 튜니카에 짙은 녹색 히마티온을 입었다. 진주 귀고리와 목걸이 장식을
했지만 전체적으로 눈빛이 강렬하고 튼실한 체구의 강건한 이미지를 준다.
머리를 보자. 월계관을 썼다. 가운데 보석을 박아 화려함을 더했다.

5세기 기독교 시대 소테리아는 부활의 의미였지만, 기원전 3세기 그리스

소테리아. 보석으로 장식한 월계관을 쓴 모습. 2세기.
안타키아 하타이 고고학박물관. ⓒ김문환

크티시스. 보석장식관을 쓴 모습. 2세기. 안타키아 하타이 고고학박물관. ⓒ김문환

도시국가에서는 축제를 나타냈다. 기원전 279년 켈트족 브레누스의 침략을 물리친 뒤 펼친 축제가 기원이다. 올림픽 비슷한 경기였다. 크티시스도 눈 길을 끈다. 우리식으로 치면 집 건축 시 주춧돌을 놓는 '정초(定礎)'로 시작해 마지막 대들보를 올리는 '상량(上樑)'을 합친 '건축', '완공'을 의미한다. 새 출발의 의미도 담는다. 기독교로 보면 집을 새로 짓듯 우주 질서를 새로 만든 분, 세상을 만든 조물주의 천지 창조다. 크티시스는 그래서 기독교 시대 '창조'를 나타냈다. 머리에는 다양한 보석을 넣은 금관을 썼다.

17. 신에게 금관 씌우기는 그리스 전통?

가톨릭 성직자들이 쓰는 관, 미트라

구순을 눈앞에 둔 정진석 추기경이 천주교 서울대교구 주교로 일하실 때, 2012년 정진석 추기경으로부터 서울 대교구 주교 자리를 물려받은 염수정 추기경이 미사를 집전하실 때, 큼직한 관을 쓴다. 천으로 만들지만, 금빛 실로 장식해 일견 화려해 보이는 주교관을 라틴어로 미트라(Mitra)라고 부른다. 근세와 중세로 거슬러 올라가면 주교관은 각종 보석으로 장식해 휘황찬란하다.

키에프 라브라보물관이나 모스크바역사박물관에 가면 중세나 근세 가톨릭 성직자들이 쓰던 화려한 미트라들을 만난다. 물론 가톨릭(Catholic)이나 개신교(Protestant)를 떠나 기독교(Christianism)의 모태인 예수님은 이런 모자를 쓰신 적이 없다. 오히려 성경에는 가시관을 썼다고 나온다. 이는 십자가형을 집행하던 로마병사들이 예수님을 유대의 왕이라며 조롱조로 씌웠다는 것인데, 앞서 살펴보았듯이 로마시대 최고지도자나 사회 상류층 인사들이 영예와 권위의 상징으로 쓰던 월계관이나 화관을 비꼰 거다.

미트라. 17세기. 키예프 라브라보물관. ©김문환

미트라. 17세기. 모스크바역사박물관. ©김문환

7대 불가사의 제우스 동상의 기원전 5세기 금관

그리스 남부 펠로폰네소스 반도 올림피아로 발길을 옮긴다. 고대 올림픽이 4년에 한번 씩 열리던 유서 깊은 명소다. 지금도 4년에 한 번씩 전 세계인이 열광하니, 그리스를 넘어 인류사 문화재. 사람이 살지 않는 폐허 유적도시 올림피아는 고대에도 평소 비어 있었다. 올림픽 때만 선수와 관중이 몰렸다. 올림피아를 관리하던 근처 폴리스(도시국가) 엘리스 시민들은 기원전 470년~기원전 457년 사이 제우스 신전을 올림피아에 세운다. 길이 64m, 폭 27m, 높이 20m로 규모가 컸다. 하지만, 건축 당시부터 신전보다 신전 안에 안치한 동상에 더 많은 관심이 쏠렸다.

훗날 기원전 2세기 헬레니즘 시대 그리스인들이 7대 불가사의의 하나로 정한 제우스 동상은 받침대를 포함해 높이 12m다. 기원전 5세기 그리스문

올림피아 제우스 신전 터. ⓒ김문환

제우스 신전 모형. 1997년 50분의 1 크기. 루브르박물관. ©김문환

금관을 쓰고 있는 제우스 모형. 기원전 460년 전후에 제작된 12m 크기 조각을 1997년
50분의 1 크기로 줄여 제작. 루브르박물관. ©김문환

명권 최고의 조각가이던 아테네의 페이디아스 작품이다. 올림피아에는 페이디아스 작업장이 발굴돼 있다. 지금은 터만 남은 제우스 신전과 완전히 사라진 제우스 조각을 1997년 프랑스 루브르박물관이 50분의 1 크기로 줄여 복원해 놓았다. 이를 보면 흰 대리석으로 제작한 제우스 조각은 머리에 금관을 썼다. 다른 유물에서 제우스는 월계관을 쓴 모습으로도 등장한다. 다신교 사회인 고대 그리스에서 최고신 제우스에게만 월계관이나 금관을 씌웠을까?

기원전 6세기 그리스 태양신 아폴론 금관

그리스 수도 아테네에서 서북쪽 내륙으로 170여 ㎞ 가면 고대 그리스인들이 지구의 중심, 지구의 배꼽 옴팔로스(Omphalos)라고 여기던 델포이(Delphoi)가 나온다. 파르나소스산의 깎아지르는 산세 아래 고대 그리스인들이 신의 뜻을 알아내는 최고의 신탁소로 여기던 델포이 아폴론 신전이 아늑하게 자리 잡았다. 비록 건물은 무너졌지만, 거대한 초석들은 오롯하다.

이 아폴론 신전 여신관 피티아(Pythia)가 지그시 올리브 가지를 입에 물고 날아가는 새의 날갯짓을 보며 낮게 읊조리는 한마디가 개인이나 도시국가의 운명을 갈랐다. 전쟁이냐 평화냐를 가르는 중요한 정책결정이 이렇게 이뤄졌다. 세계사 시간에 자주 들던 페르시아 전쟁 당시 아테네가 페르시아에 대응해 싸우자는 결정도 그렇게 내려졌다. 지중해 전역의 그리스문명권에서 가장 신성한 신탁소 역할을 한 아폴론 신전의 주신은 당연히 태양신 아폴론이다.

델포이 그리스 극장과 그 아래 아폴론 신전 터 초석. ⓒ김문환

옴팔로스. 델포이박물관. ⓒ김문환

신전 폐허 아래 델포이박물관으로 장소를 옮기자. 신전에서 출토한 옴팔로스 옆으로 태양신 아폴론과 여동생인 달의 여신 아르테미스, 두 쌍둥이 남매의 어머니인 레토. 이렇게 3명의 조각이 탐방객을 맞아준다. 레토가 제우스와 관계해 남매를 낳은 건 에게해 델로스 섬이지만, 아폴론을 모시는 최고 성역소는 이곳 델포이였다. 나무로 아폴론을 조각한 뒤, 각종 금과 도금장식물로 화려하게 꾸몄다. 머리에는 은판으로 틀을 만든 뒤, 금을 얇게 입힌 도금관을 씌웠다. 아폴론 뿐 아니라 여동생 아르테미스, 어머니 레토 역시 같은 기법으로 조각하고 금 장식물을 붙였다. 기원전 6세기 이오니아 스타일이라는 설명문이 붙었다.

에게해 동남부 터키와 가까운 로도스 섬 카미로스에서 출토한 기원전 620년 황금유물 가운데 금관 대륜을 보자. 대영박물관에 수장중인 이 금관 대륜의 디자인이 그보다 100여년 뒤진 델포이 출토 아폴론을 비롯한 3신에

왼쪽 아폴론, 가운데 아르테미스, 오른쪽 레토. 3명의 신을 나무로 조각한 뒤,
은제 도금관을 씌웠다. 기원전 6세기. 델포이박물관. ⓒ김문환

오빠 아폴론. 은제 도금관을 쓴 모습. 기원전 6세기. 델포이박물관. ⓒ김문환

여동생 아르테미스. 은제 도금관을 쓴 모습. 기원전 6세기. 델포이박물관. ⓒ김문환

쌍둥이 남매의 어머니 레토. 은제 도금관을 쓴 모습. 기원전 6세기. 델포이박물관. ⓒ김문환

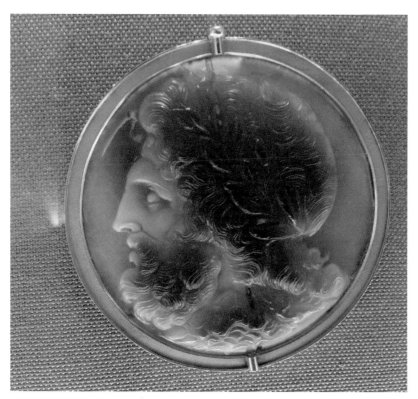

아빠 제우스. 머리에 월계관을 썼다. 기원전 3세기. 에르미타주박물관. ⓒ김문환

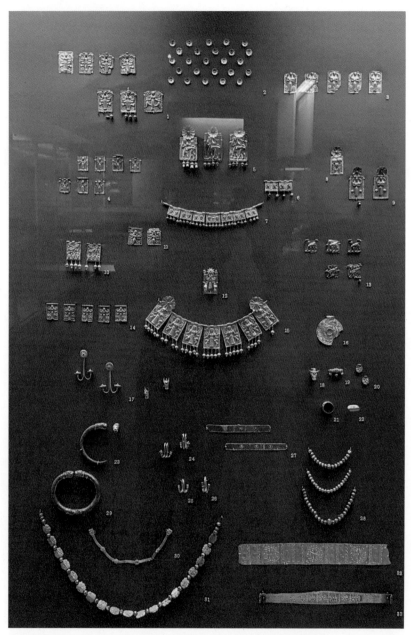

로도스 섬 카미로스 출토 황금 유물. 기원전 620년. 대영박물관. ⓒ김문환

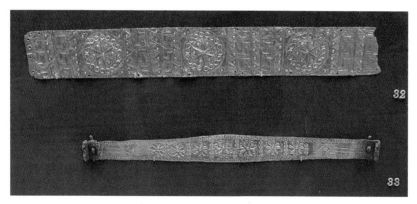

로도스 섬 카미로스 출토 금관 대륜. 델포이 출토 금관 대륜과 비슷한 디자인이다.
기원전 620년. 대영박물관. ⓒ김문환

이오니아 특징을 가진 금관 대륜. 기원전 9세기. 대영박물관. ⓒ김문환

게 씌웠던 금관 대륜과 비슷한 디자인을 보인다. 로도스 섬은 터키 서부지
방을 가리키는 이오니아 지방과 가깝다. 대영박물관의 기원전 9세기 금관
대륜 역시 비슷한 디자인을 보인다. 델포이박물관의 설명대로 이런 스타일
은 이오니아에서 발달해 에게해 건너 그리스 본토로 상륙한 것으로 보인다.
최고신 제우스 뿐아니라 일반신도 금관으로 장식했음을 보여준다.

아프로디테 대관식에서 보는 그리스신과 금관

튀니지 바르도박물관으로 가보자. 대관식의 원조 행사장을 보기 위해서
다. 지배자가 즉위하며 관을 쓰는 행위를 대관식이라고 부른다. 바르도박물

아프로디테 조각. 머리에 관을 쓴 모습이다. 3세기. 루브르박물관. ⓒ김문환

관 대관식의 주인공은 미의 여신 아프로디테다. 호메로스는 아프로디테가 최고신 제우스와 대양의 신 오케아노스의 딸 디오네 사이에서 태어났다고 적는다. 하지만 그보다 후대 헤시오도스는 전혀 다른 설명을 내놓는다. 제우스의 아버지인 크로노스가 아버지 우라노스에 항명하기 위해 낫으로 아버지의 거시기를 절단한다. 이때 흘린 정액이 바다를 떠돌다 거품이 일면서 탄생했다는 거다. 그렇다면 아프로디테는 제우스보다 항렬이 위다.

아무튼 아프로디테의 본남편은 제우스와 헤라 사이 자식인 헤파이스토스다. 그리스 신화 최고의 혈통이건만, 절름발이다. 아프로디테가 남편에 만족하지 않고 만난 연인은 여럿이지만, 그중 자식을 둔 대상은 늘 연인관계이던 아레스다. 아프로디테는 아레스와 에로스를 낳았다. 디오니소스와는 프리아포스, 헤르메스와는 헤르마프로디테, 인간 안키세스와는 아에네

아프로디테 대관식1. 아프로디테와 보석관. 3세기. 튀니지 바르도박물관. ⓒ김문환

아프로디테 대관식2 전경. 2명의 여성 켄타우로스가 아프로디테의 머리에 큼직한 관을 씌워주고 있는 모습. 3세기. 튀니지 바르도박물관. ⓒ김문환

아스를 둔다. 바람기가 충만한 여신이었건만 그리스 로마인들은 개의하지 않았다. 그녀를 미의 여신으로 숭배하며 다양한 조각과 모자이크, 프레스코를 남기는데, 그중 하나가 로마시대 대관식 모자이크다.

2가지 버전의 모자이크가 바르도박물관에 유물로 남았다. 하나는 바다의 소년들 푼토스(Puntos)가 지켜보는 가운데 본인 스스로 관을 쓰는 모습이다. 바다의 소년들도 제각각 월계관이나 다른 형태의 금관을 쓰고 있다. 두 번째 버전이 흥미를 끈다. 나신의 아프로디테가 풍만한 몸매를 드러내고 있는 가운데, 역시 풍만한 젖가슴을 드러낸 여자 켄타우로스들이 관을 씌워준다. 2명의 여자 켄타우로스는 장미꽃다발을 길게 잡아 줄을 치고, 그 아래로 다양한 보석이 박힌 관을 아프로디테 머리 위에 얹는 포즈다. 아프로디테의 머리가 아니라 몸 전체가 들어갈 만큼 금관의 폭이 넓다. 1805년 황제에 오른 나폴레옹 역시 이런 모습으로 권력을 거머쥐었다. 고대 그리스문명에서 비롯된 관행이다. 그렇다면 그리스 문명권에서는 언제부터 금으로 관을 만들어 사용했을까?

18. 트로이 전쟁 때 아가멤논도 금관을?

신라 무덤의 고구려 솥에서 찾는 문물 교류

서울의 국립중앙박물관으로 가보자. 1946년 경주 노서리 고분군의 적석목곽분 호우총(壺杆塚)에서 출토한 유물이 눈길을 끈다. 해방 뒤 우리 손으로 진행한 첫 신라 고분 발굴 유물 가운데, 「을묘년국강상광개토지호태왕호우십(乙卯年國岡上廣開土地好太王壺杆十)」이라는 명문이 새겨진 호우(壺항아리, 杆사발)가 반긴다. 호우총이란 이름을 안겨준 청동 그릇이다. 을묘년은 장수왕 3년 415년으로 413년 광개토대왕이 죽은 지 2년 뒤다. 광개토대왕 비문이나 충주고구려비문처럼 예서체 한자로 쓰였다. 광개토대왕 장례 기념품을 신라 왕릉급 무덤에 부장한 점은 신라와 고구려의 관계를 잘 설명해 준다.

앞선 글에서 살펴본 대로 신라의 금동관 역시 고구려의 영향을 받았다. 새깃털 형상의 금동관이나 관모 금장식이 그 예다. 문물은 고구려에서 신라뿐 아니라 한곳에서 다른 곳으로 흐른다. 기마민족이 전파한 금관이나 금동관, 관모 금장식도 마찬가지다. 유라시아 대륙 북방 초원의 길을 통해서다. 신라, 가야, 마한, 백제, 고구려, 일본을 넘어 몽골초원의 선비족과 훈족, 중아아시아의 월지, 시베리아와 흑해연안 스키타이, 지중해 연안 그리스로마

고구려 호우. 경주 호우총 출토. 호우바닥에는 예서체 글씨가 적혀있다.
장수왕 때 415년 제작. 국립중앙박물관. ⓒ김문환

까지… 이제 금관문화 탐방의 종착점, 인류 역사에서 금관은 언제 어디서 처음 시작돼 퍼졌는지 살펴본다. 먼저 에게해 그리스 미케네로 간다.

미케네 문명 금관… 에게해 아이기나 섬 기원전 19세기~기원전 16세기

에게해 금관 흔적을 더듬기 위해 먼저 런던 대영박물관으로 가보자. 세계 각지의 유물을 취합해 인류 문명사를 일별할 수 있도록 꾸민 유력한 박물관 가운데 유일하게 무료인 런던 대영박물관은 그래서 더 마음에 든다. 약탈 수준에 가까운 장물 문화재를 놓고 비싼 입장료 받는 다른 박물관들에 비해 양심적이라고 칭찬해야 하는지… 입구에 놓인 대형 기부함에 잔돈을 넣고 왼쪽으로 꺾으면 물품보관실 지나 1층 그리스 문명 전시실이 나온다. 그리스 문명은 에게해에서 닻을 올린다. 에게해 키클라데스 제도에서 기원전 3200년 경 싹튼 키클라데스 문명, 크레타와 산토리니 섬에서 융성한 미노아

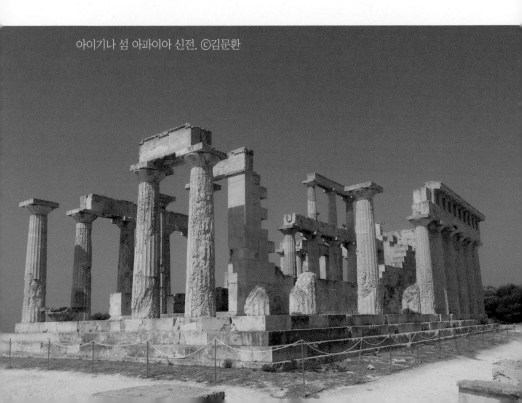

아이기나 섬 아파이아 신전. ⓒ김문환

문명(기원전 2700년~기원전 1500년)이 모두 에게해 해양문명이다. 이어 등장하는 미케네 문명(기원전 1900년~기원전 1200년)시기 마침내 그리스 본토 뭍으로 올라온다. 대영박물관 그리스 전시실에는 이시기 유물들을 시대별로 잘 정리해 놨다.

아이기나 섬 출토 황금유물. 윗부분이 황금관테 대륜이다. 기원전 19세기~기원전 16세기. 대영박물관. ©김문환

그 가운데 아테네 앞바다 아이기나 섬에서 출토한 기원전 1850년에서 기원전 1550년 미케네 시기(일부 미노아 문명설도 있음) 황금유물로 눈길을 건넨다. 금관(Diadem)의 얇은 금박 테, 대륜(臺輪)이 눈길을 끈다. 아이기나 섬은 아테네 관문 피레우스 항에서 배를 타고 간다. 기원전 480년 아테네가 페르시아와 살라미스 해전을 치러 승리를 거둔 살라미스 해협을 지나 1시간 20분여 거리다.

섬 북쪽에 위치한 도리아식 아파이아 신전은 아테네 동쪽 수니온 곶의 포세이돈 신전과 함께 바다를 배경으로 한 그리스 신전의 멋진 풍광 가운데 으뜸으로 손색없다. 여기서 출토한 띠 형태의 아이기나 금관 테만 보면 이것이 어떻게 금관의 일부인지 선뜻 고개를 끄덕이기 어렵다. 이런 의문은 미케네 금관 유물을 더 찾아보면 자연스레 풀린다.

기원전 17세기… 미케네 문명의 중심지 미케네 성

미케네 문명의 상징 도시인 미케네(Mycene)로 가보자. 아테네에서 버스를 타고 코린토스(성경 고린도) 운하를 가로지르는 다리를 건너 1시간여 더 달리면 나온다. 길가 버스 정류장에 내려 우리네 주막 같은 분위기의 식당에서 택시를 불러 타고 5분여 가면 일견 돌산처럼 보이는 미케네성이 나타난다. 사자 2마리가 포효하는 사자문의 위용에 잠시 눈길을 빼앗긴 뒤, 안으로 들어가면 오른쪽으로 미케네 왕실 공동묘지다. 여기서 여러 종류의 황금유물이 쏟아졌다. 현장 박물관이 있지만, 황금유물들은 모두 수도 아테네고고학박물관으로 옮겼다. 트로이 전쟁에서 그리스연합군(아카이아 연합군) 사령관 아가멤논은 이곳 미케네 왕이었다. 미케네 성에서 트로이 전쟁의 감상

미케네 사자문. 트로이 전쟁시 그리스 연합군 사령관 아가멤논이 왕으로 있던 곳. ©김문환

미케네 왕실 공동묘지. 많은 황금유물이 출토됐다. ©김문환

에 잠시 젖은 뒤, 황금유물을 찾아 다시 아테네로 발길을 돌린다.

기원전 17세기… 미케네 문명의 황금관들

아테네고고학박물관 1층 미케네 전시실로 가면 벌린 입을 쉽게 다물지 못한다. 기원전 17세기에서 기원전 16세기 미케네 문명 유적지에서 출토한 황금유물이 전시장을 가득 메우기 때문이다. 지구촌 황금유물의 보고(寶庫)라는 표현이 무색하지 않다. 다수의 황금유물을 소장한 박물관은 여럿이지만, 이렇게 앞선 시기 그것도 이렇게 많은 분량의 황금유물을 소장한 곳은 지구촌 어디에도 없다.

이제 관심을 황금유물에서 금관에 집중시켜보자. 아이기나 금관 테보다 조금은 넓은 금박 띠, 즉 금관의 원형 테두리인 대륜(臺輪)이 많이 보인다.

원형 테두리 대륜 2개. 미케네. 기원전 17세기. 아테네고고학박물관. ⓒ김문환

원형 테두리 대륜 3개. 미케네. 기원전 17세기. 아테네고고학박물관. ⓒ김문환

원형 테두리 대륜. 폭이 넓다. 미케네. 기원전 17세기. 아테네고고학박물관. ⓒ김문환

원형 테두리 대륜과 세움장식 3개 달린 미케네 금관. 기원전 17세기.
아테네고고학박물관. ⓒ김문환

대륜과 세움장식 4개 달린 금관. 기원전 17세기. 아테네고고학박물관. ⓒ김문환

대륜과 세움장식 7개 달린 금관. 기원전 17세기. 아테네고고학박물관. ⓒ김문환

금관을 비롯한 다양한 미케네 황금유물. 기원전 17세기. 아테네고고학박물관. ⓒ김문환

그뿐만이 아니다. 대륜 위에 세움 장식을 단 금관들도 눈에 들어온다. 신라 금관의 세움장식이 '출(出)'자 형 나뭇가지와 사슴뿔이고, 고구려 관모 세움 장식이 새깃털이나 화염무늬라면 미케네 세움장식은 뾰족한 삼각형이다. 3 개, 4개, 7개를 넘어 더 많은 장식도 보인다. 한반도나 만주, 동아시아에 아 직 금이 뭔지 전혀 소개도 안되던 시기에 이렇게 찬란한 금관문화를 일군 자체가 놀라울 따름이다.

기원전 17세기 미케네 금관, 초화형 금관

이제 미케네 금관 가운데, 특이한 형태의 금관에 시선을 고정시키자. 뾰 족한 세움장식이 수십 개 촘촘하게 대륜 위에 붙었다. 세움장식은 나뭇잎 이다. 일자로 펴진 대륜의 끝을 연결하면 원통형 금관의 모습이 나온다. 나 뭇잎을 세운 원통형 금관(Diadem), 초화형(草花型) 모티프다. 훗날 마케도니 아, 헬레니즘 시기 그리스는 물론 월지, 훈(흉노), 신라, 가야, 일본에서 나타

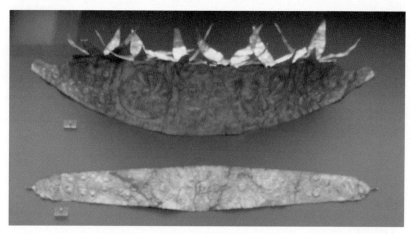

대륜에 달린 나뭇잎 세움 장식. 미케네 금관. 기원전 17세기. 아테네고고학박물관. ⓒ김문환

대륜에 수십 개의 나뭇잎 세움장식을 단 미케네 금관. 기원전 17세기.
아테네고고학박물관. ⓒ김문환

나는 초화형의 원조다. 미케네 금관을 실생활에서 머리에 썼는지는 불분명
하다. 크기로 볼 때 실생활보다는 장례식 부장품으로 특별 제작했을 가능성
이 크다. 트로이 전쟁의 주역인 미케네왕 아가멤논이 실존인물이라면 무덤
에 부장품으로 갖고 들어갔을 미케네 금관이 금관의 기원일까? 아직 가야할
길이 남았다.

　미케네 양식의 금관은 그리스 본토 미케네성과 그 주변 도시국가들에만
국한되지 않는다. 미케네 문명은 에게해를 넘어 지중해 동부로 전파되는데
키프러스가 대표적이다. 키프러스는 지금도 그리스어를 구사하는 그리스
인들이 산다. 터키의 지배를 받으며 터키인들이 유입돼 살다 따로 독립한
북키프러스를 제외한 키프러스 섬 남부는 미케네문명 유적지로 많은 미케
네문명 유물이 쏟아졌다. 도자기와 황금 유물이 그렇다. 황금 유물 가운데
는 금관 대륜이 여러 점 출토돼 대영박물관에 전시돼 있다. 금관에 새긴 정
밀한 조각에서 뛰어난 세공술이 묻어난다.

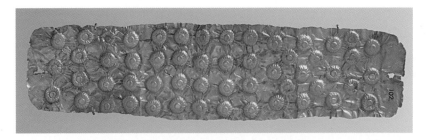

미케네 양식 금관 대륜. 키프러스 출토. 기원전 1700년. 대영박물관. ⓒ김문환

미케네 양식 금관 대륜. 키프러스 출토. 기원전 16세기~기원전 11세기. 대영박물관. ⓒ김문환

금관 대륜과 입가리개. 키프러스 엔코미 93번 무덤 출토. 기원전 16세기. 대영박물관. ⓒ김문환

트로이 성벽. ⓒ김문환

트로이 목마. ⓒ김문환

트로이 출토 황금관

미케네는 트로이 전쟁 당시 그리스 연합군 총사령관인 아가멤논이 왕으로 있던 도시국가다. 트로이 전쟁의 전쟁터이던 트로이는 어디일까? 터키 서부지방이다. 한국인 단체관광객도 많이 들르는 탐방 명소다. 트로이 전쟁으로 인해 대중 일반에 널리 알려졌다. 하지만, 막상 트로이를 찾으면 자그마한 규모에 흠칫 놀란다. 그리스 문명권 국가들과 트로이측 연합국가들이 10년간 전쟁을 치른 격전의 현장이라고 느끼기에는 다소 아쉬움이 남을 만큼 아담한 크기다.

현장을 찾으면 트로이 목마를 연상시키는 목마를 유적지 입구에서 만난다. 2000년 7월 탐방했을 때 목마 안으로 사다리를 타고 올라갈 수 있도록

트로이에서 발굴한 금관과 금목걸이.
복제품. 베를린 노이에스 박물관. ©김문환

트로이 발굴자 슐리만의 그리스인 아내
소피아가 트로이 금관과 목걸이를 착용한
사진. 베를린 노이에스 박물관. ©김문환

트로이 발굴 금관. 화려한 세공술이 묻어난다. 복제품. 베를린 노이에스 박물관. ©김문환

돼 있었다. 탐방객은 목마 창문에서 트로이 전쟁당시 목마의 배에 숨어서 트로이를 몰래 침공한 오디세우스나, 아킬레스의 아들 네오프톨레무스 등의 무용담을 떠올렸다. 하지만, 2018년 탐방해보니 내부로 들어갈 수 없도록 통로와 창문을 모두 막았다. 예전이 더 운치가 있었는데⋯

트로이는 독일출신 하인리히 슐리만과 떼어놓고 생각할 수 없다. 독일과 러시아, 미국등에서 사업에 성공해 큰 돈을 번 슐리만은 프랑스 파리에 정착해 고고학을 공부한 뒤 터키 정부의 허가를 얻어 1871년 터키북서부 히사를리크 언덕에서 트로이 발굴에 착수한다. 이어 2년만인 1873년 화려한 트로이 보물, '프라아모스 왕 보물'을 찾아낸다. 호메로스의 『일리아드』에 묘사된 트로이 전쟁당시 트로이 왕 프리아모스 이름을 딴 거다. 화려한 금관과 금목걸이였다. 그리스인 아내 소피아에게 이 금관을 씌우고, 목걸이를 걸어준 뒤 찍은 사진은 트로이의 전설을 역사로 만들어주는 마법과도 같은 사진으로 비쳤다.

트로이 발굴에 성공한 슐리만은 1885년 미케네 발굴에도 성공해 앞서 본 미케네성 역시 신화에서 역사로 되돌려 놓았다. 물론 이 금관들이 호메로스가 『일리아드』에 묘사한 트로이 전쟁 시기 유물이라는 것은 아니다. 트로이 전쟁 자체가 명확한 역사는 아니며 설령 발생했다고 해도 기원전 13세기 경인데, 금관이 출토된 지층은 기원전 20세기보다 더 오래된 지층이기 때문이다. 트로이 금관은 독일 베를린 노이에스 박물관에 전시중인데, 안타깝게도 복제품이다. 진품은 제2차 세계대전 뒤 승전국 러시아가 모스크바로 가져갔다.

트로이에서 출토된 금관은 더 있다. 슐리만이 독일로 가져갔다 소련으

트로이 금관. 기원전 3000년~기원전 2000년. 앙카라 아나톨리아 문명박물관. ⓒ김문환

로 반출된 것 말고, 소박한 형태지만 터키 수도 앙카라에서도 한 점 전시중이다. 터키는 트로이 출토 유물을 2군데로 나눠 보관한다. 하나는 이스탄불 오리엔트 고고학 박물관이고 다른 하나는 수도 앙카라 아나톨리아 문명박물관이다. 토기 등을 중심으로 양은 이스탄불이 압도적으로 많다. 하지만, 앙카라에는 금이나 귀금속류가 전시돼 관심을 모은다. 여기에 호박금(Electrum, 금과 은을 합성한 금)과 금을 섞어 만든 금관 대류이 탐방객을 맞는다. 시기에 대해 박물관 측은 기원전 3000년에서 기원전 2000년으로 넓게 잡는다. 슐리만의 아내가 쓰고 사직 찍은 것보다 더 오래됐다. 금관의 기원이 트로이전쟁에서 훨씬 더 뒤로 거슬러 올라간 거다.

19. 이집트 파라오 투탕카멘이 금관을?

고대 이집트 달력이 현대 달력의 기원

트로이에서 이집트로 발걸음을 옮겨 보자. 19년 전 2000년 처음 찾았던 이집트는 요즘과 사뭇 달랐다. 한국 국적기의 카이로 직항편이 있을 만큼 한국인들이 많이 찾던 역사 관광지였다. 단체 관광객은 물론 배낭여행객도 줄을 이었다 한국인만이 아니라 전 세계에서 온 관광객들로 유명 역사관광지는 인산인해를 이뤘다. 홍해의 해변 휴양지는 바다 수영과 스포츠를 즐기는 사람들로 붐볐다. 지금은 다르다. 한국에서 이집트로 다른 나라 항공기를 타고 돌아간다. 관광하기 좋은 날씨의 겨울철에 지난해부터 잠시 전세기를 띄울 뿐이다. 서양인들 발길도 뜸해졌다. IS테러 이후 중동 지역 정세가 전보다 위험해진 탓이다.

이집트는 인류 역사의 출발이라고 해도 과하지 않을 만큼 압도적인 유적과 유물로 가득하다. 현대 문명에 미치는 영향도 적지 않다. 그 중 하나가 달력이다. 우리가 자연스럽게 사용하는 태양력은 이집트인들이 5000년 전부터 사용하던 것을 변형한 것에 지나지 않는다. 기원전 46년 로마의 카이사르가 이집트에서 배워 쓰기 시작한 달력을 율리우스력이라 부른다. 지금도 그리스 정교에서 사용한다. 교황 그레고리우스 13세가 1582년에 율리우

이집트 기자 스핑크스와 피라미드. ⓒ김문환

스력의 오차 10일을 당긴(1582년 10월 4일 뒤 10월 15일로 당겨, 5일부터 14일까지 10일을 없앤) 그레고리력이 지금 우리가 쓰는 달력이다.

　이집트를 찾으면 누구든지 기자의 피라미드나 다흐슈르의 피라미드 앞에서 입을 벌리고 만다. 높이 145m 가까운 거대한 석조건축의 제작연대는 기원전27세기~기원전26세기. 단군 할아버지보다 더 오래됐다. 문자도 마찬가지다. 이집트 상형문자는 알파벳으로도 활용됐다. 전용 알파벳이 아니어서 그렇지 알파벳의 발명자는 페니키아인에 앞서 사실 이집트인들이다. 인류 문명의 시원을 들여다보기 좋은 이집트 관광이 해외여행 보험가입도 안될 만큼 안전문제로 위축되는 현실은 그만큼 현대인들이 자신의 뿌리를 배우며 그 속에서 미래를 열어갈 영감을 얻을 기회를 잃는다는 의미다. 속히 지구촌이 안정을 되찾아 예전처럼 자유롭게 이집트 탐방으로 머리와 가

숨을 넉넉하게 채울 수 있기를 기대해 본다.

'누브(금)'가 나는 지방 '누비아' 흑인지역

이집트 남부 아스완으로 가보자. 나일강 홍수에서 이집트인들이 벗어날 수 있도록 해준 아스완댐으로 이름 높다. 람세스 2세의 아부심벨은 물론 필레 신전을 찾는 탐방객들에게 아스완은 익숙하다. 이 지역은 고대 흑인들이 거주하는 누비아(Nubia)라고 불렀다. 고대 이집트어로 누브(Nub)는 금을 가리킨다. 이집트 문명은 금을 숭상하고 많은 금제품을 만들었다. 금, 즉 '누브(Nub)가 많이 나는 지방이라고 해서 누비아(Nubia)라는 이름을 붙인 거다. 지금 행정구역으로는 이집트 남부 아스완 지방, 그리고 남쪽 나일강 상류로 더 올라간 람세스 2세 신전의 아부심벨, 국경을 넘어 수단을 포함한다. 수단에서도 하르툼(Khartum)까지다. 하르툼은 우리로 치면 양수리다. 남한강과 북한강이 만나는 지점. 하르툼은 이디오피아 고원지대 타나 호수에서 발원

나세르호와 아스완 필레 신전. ⓒ김문환

아부심벨 대신전. 람세스 2세 신전 ©김문환

하는 청나일과 케냐 빅토리아 호수에서 시작되는 백나일이 만나 본격적으로 나일강 물줄기를 이룬다.

누비아 지역은 더워서 살기 힘들 것 같지만 꼭 그렇지는 않다. 아스완은 7, 8월중 낮에 43도에서 45도까지 올라간다. 구름 한 점 없이 강렬한 태양빛이 내리쬔다. 가만히 서 있어도 머리에서 땀이 난다. 한 낮 땡볕에 서 있으면 큰일 치른다. 저녁 무렵이면 낮 동안 뜨거워진 대지가 발산하는 복사열로 숨이 턱 막힌다. 하지만, 나일강이 상황을 바꿔준다. 나일강물은 7, 8월에도 서늘하다. 수온이 낮아 강에서 불어오는 바람은 시원하다. 45도에도 그늘진 강물에 들어가 있으면 한기를 느낄 정도다. 겨울에는 더없이 온화하고 살기 좋다. 영국의 세계적인 추리소설 작가 아가사 크리스티가 아스완의 유서 깊은 올드 카타락트 호텔에 머물며『나일강 살인사건(Death on the Nile)』을 써 1937

아스완 올드 카타라트 호텔. 아가사 크리스티가 머물며 『나일강 살인사건』을 집필한 장소다. 왼쪽은 구관, 오른쪽은 신관. 강물에는 펠루카. 낮에는 45도에 이르지만, 그늘은 시원하고 새벽에는 한기를 느낄 정도다. ⓒ김문환

년 출간한 것은 유명한 일화다. 1978년 영화로 만들어져 크게 히트했고, 현재 다시 제작중이어서 2020년 중 팬들과 만날 것으로 보인다.

기원전8세기 흑인 쿠쉬 왕조 이집트 지배

아스완 나일강변에 자리한 누비아 박물관으로 가 유물을 보며 잠시 누비아 흑인의 역사를 더듬어보자. 고대 이집트 파라오는 금을 찾아 누비아 원정을 자주 떠났다. 기원전 25세기 이전부터 누비아 지방에서 전리품을 챙겼다. 신왕국 18왕조 투트모스 3세는 나일강 상류에 나파타를 건설했고, 19왕조 람세스 2세는 아스완 남쪽에 아부심벨을 만들었다. 하지만, 기원전 10세기 이후 누비아 흑인들은 독립적인 지위를 누렸고, 이집트 3중간기 21왕

아스완 누비아 박물관. ⓒ김문환

조 때 혼란을 틈 타 쿠쉬 왕조를 세웠다. 기원전 750년 경 쿠쉬 왕조의 지방
호족 가운데 제벨 바르카에 거점을 두고 있던 카흐타는 상이집트 즉 오늘날
룩소르 지방을 공격해 지배한다. 흑인들은 이집트 아몬신앙을 받아들이고,
파라오 호칭은 물론 이집트 문자를 활용하며 문화의 격을 높인다. 마치 중
국 주변 민족들이 중국 율령제도는 물론 한자를 받아들여 세련된 형태의 통
치시스템과 문화를 가꿔 나간 것과 같다.

카흐타의 아들 피안키는 기원전 747년 아버지가 정복하지 못한 나머지
이집트 전역을 손에 넣는다. 자칫 흑인의 역사를 피지배의 역사로 오해하지
만 그렇지 않다. 이집트를 틀어쥐고 파라오가 된 피안키(재위 기원전 747년~
기원전 716년)는 이집트 25왕조(기원전 747년~기원전 664년)를 연다. 그의 동생
샤바카(재위 기원전 716년~기원전 702년)가 파라오로 있을 때 흑인왕조는 절정

흑인 병사들 조각. 아스완 누비아 박물관 ©김문환

흑인 파라오 샤바카 두상. 아스완 누비아 박물관. ©김문환

의 위세를 떨친다. 비록 이후 메소포타미아 지역에서 이집트로 침략해온 신 앗시리아 제국에 밀려 다시 누비아 지방으로 쫓겨났지만, 누비아 흑인들은 로마시대를 거치면서도 끝없이 이집트로 침략해 왔다. 동시에 알렉산더의 이집트 정복이후 그리스문화는 물론 로마, 훗날 기독교 문화, 동로마(비잔틴 제국)문화를 받아들인다. 그 결과물 가운데 하나가 바로 4-6세기 누비아 지 방에서 꽃핀 은제 보석관이다.

아스완 누비아 박물관, 4~6세기 흑인왕조 은제 보석관

아스완 누비아 박물관을 수놓는 3점의 은제 보석관을 보자. 은관이어서 오랜 세월 지나 빛이 바랜 탓에 일견 화려하지는 않다. 하지만, 홍옥수(카 닐리언)로 장식한 면모가 단순한 은관의 차원을 넘는다. 3점 모두 대륜이

흑인 은제 보석관. 3점. 4-6세기. 아스완 누비아 박물관. ©김문환

흑인 은제 보석관1. 4-6세기. 아스완 누비아 박물관. ©김문환

흑인 은제 보석관2. 4-6세기. 아스완 누비아 박물관. ©김문환

흑인 은제 보석관3. 4-6세기. 아스완 누비아 박물관. ©김문환

넓.고, 표면에 홍옥수 장식을 붙였다. 손바닥 형태의 세움 장식 중 하나는 숫양의 머리를 조각하고, 그 위에 뿔을 달았다. 다시 그 위로 파피루스 줄기를 얹은 모습도 보인다. 코브라를 단순화해 대륜 주변에 빙 둘러 세웠다. 코브라는 머리에 태양원반을 썼다. 숫양이나 태양원반 모두 태양신 아몬을 상징한다. 호루스의 눈(우자트)을 조각해 대륜을 장식하기도 했다. 이 은제 보석관은 언제 누가 만든 것일까?

아스완 남부 발라나(Ballana) 지역에서 발굴된 은제 보석관들은 350년~600년 사이 제작된 것으로 밝혀졌다. 이시기 조성된 거대한 봉분 형태 무덤 122기를 1928년부터 1931년 사이 발굴해 얻은 성과다. 주인공은 지역의 토착 지배세력가나 부인이다. 일종의 왕이나 왕비. 이집트 전통신앙은 물론 비잔틴 제국의 영향을 받은 것으로 박물관 측은 설명한다. 은제관이 출토된 한 무덤에서는 남성 지배자의 유골 근처에 순장된 젊은 여인 유골도 나왔다. 5세기, 은제 관 출토, 젊은 여인 1명 순장. 어디서 익숙하게 들던 내용이다. 경주 황남대총의 남분 얘기다. 같은 제작시기, 은제 관에 여인 순장까지. 공통점이 특기할 만하다.

카이로 이집트 박물관, 2500년 세월 다양한 금관

이제 장소를 이집트 수도 카이로로 옮겨 보자. 중세를 벗어나 근세 초반으로 들어서는 14세기 『무깟디마(Muqaddimah, 역사서설)』를 쓴 이슬람권 지성 이븐 할둔. 아랍인의 이슬람 문명이 단시간 내 성공한 비결을 근면, 검소, 단결, 용기로 가득 찬 신바람 기풍 '아싸비야(Asabya)'라고 정의한 할둔이 1378년 이집트에 와서 한마디 남긴다. "성과 궁전, 학교로 가득 찬 세계의 정원, 어머니". 700여 년 전 이집트 카이로의 모습이다. 중세 이슬람군대 주둔도시로 처음 닻을 올린 카이로는 12세기 살라딘의 파티마 왕조 때 이슬람 세계 전체를 대변하는 도시로 성장한다. 기독교와의 전쟁에 황폐화된 북아프리카와 이베리아 반도, 몽골의 침략으로 초토화된 서아시아와 달리 비록 흑사병에 시달렸지만, 13~14세기 정세안정을 구가하며 번영을 누렸다. 오늘날 900만 명의 인구가 북적이며 뿜어내는 문명 뒤켠의 숨 막히는 모습, 쓰레기와 먼지가 뒤범벅이 된 아수라장이 아니었다.

카이로 이집트 박물관을 찾으면 두 번 놀란다. 먼저 인류 역사의 찬란한 금자탑, 그 자체에서 받는 압도적인 위용이다. 프랑스 고고학자 오귀스트 마리에트가 1858년 이집트 정부의 허락 아래 이집트 유물의 해외반출을 막기 위해 만든 이집트 박물관은 1902년 오늘날 타흐리르 광장에 자리 잡는

카이로 이집트 박물관. 1902년 현 타흐리르 광장 건물로 들어왔다. ⓒ김문환

다. 기원전 3000년대부터 인류사를 수놓는 찬란한 유물이 탐방객을 맞는
다. 두 번째 놀라는 것은 그렇게 소중한 유물들이 마치 방치되다시피 전시
되고 있는 점이다. 다른 나라 박물관에 가면 귀한 대접 받을 수천 년 된 유
물들이 먼지 뒤집어 쓴 채 구석에 쌓였다. 2021년 기자 피라미드 지구에 새
박물관을 완공한다지만 답보상태에 빠진 경제 여건상 제대로 이뤄질지 알
수 없는 노릇이다. 카이로 이집트 박물관은 금관과 관련해 색다른 탐방의
묘미를 안긴다. 유라시아 대륙 주요 박물관을 두루 탐방했지만, 무려 2500
년의 시간을 아우르는 다양한 형태의 금관을 소장한 곳은 카이로 이집트 박
물관이 유일하다. 먼저 1층 전시실에서 만나는 은제 보석관 3점은 아스완
누비아 박물관에서 보던 4~6세기 은제 보석관처럼 아스완 남부 발라나에서
출토됐다. 대륜 위 세움 장식은 아몬을 상징하는 양머리 조각이다.

흑인 은제 보석관 3점. 4~6세기. 카이로 이집트 박물관. ©김문환

흑인 은제 보석관1. 4-6세기.
카이로 이집트 박물관. ©김문환

흑인 은제 보석관2. 4-6세기.
카이로 이집트 박물관. ©김문환

헬레니즘 시대 기원전4세기~기원전3세기 이집트 금관

비잔틴의 영향을 받은 흑인왕조 은제 보석관을 보고 2층 전시실로 금관 탐방을 이어가자. 황금유물을 따로 모아 전시하는 보물관으로 들어가면 눈이 휘둥그레진다. 지구촌 어느 문명권에서도 볼 수 없는 막대한 분량의 빼어난 황금 유물과 세공기술 때문이다. 다른 황금 유물을 제외하고 금관만 살펴보자. 이집트는 기원전 331년 마케도니아 출신 알렉산더에게 정복된 뒤 그리스 문명권으로 들어간다. 마케도니아는 그리스 문명권 국가들 가운데서도 유독 금관을 애용한 나라다. 그 마케도니아 출신 알렉산더의 부하장군이던 프톨레마이오스 1세가 이집트에 연 프톨레마이오스 왕조는 헬레니즘 시기(기원전331년~기원전31년)의 중심국가였다. 지중해 전역에서 가장 번

헬레니즘 이집트 금관. 헬레니즘 시대 널리 유행한 이집트 의술의 신 세라피스를 소재로 그리스 신전과 포도잎 등의 그리스 문명 요소를 가미했다. 기원전4~기원전2세기. 카이로 이집트 박물관 ⓒ김문환

영하는 국가이자 화려한 문화를 꽃피웠다.

이집트의 헬레니즘 금관은 특이한 형식을 지녔다. 보통 마케도니아 풍 헬레니즘 금관은 대륜을 만들지 않고 가느다란 철사 형 고리 위에 참나무 잎이나 월계수, 올리브 잎, 담쟁이덩굴, 도금양 잎을 풍성하게 붙이는 형태를 보인다. 하지만, 이집트 헬레니즘 금관은 제법 넓은 대륜에 포도 잎, 덩굴손 같은 식물을 붙였다. 앞부분은 그리스 신전 형태 틀에 헬레니즘 시기 이집트에서 숭배된 의술의 신 세라피스를 조각했다. 세라피스의 오른손에는 역시 그리스인들의 이집트 지배시기 등장한 하포크라테스 두상이 놓였다. 신을 금관에 새겨 넣는 헬레니즘 기법을 그대로 따랐다.

신왕국 시대 기원전16세기~기원전11세기 금관

헬레니즘 금관 옆으로 눈길을 돌리면 전혀 새로운 형태의 금관과 마주친다. 호루스를 상징하는 매가 등장한다. 매의 몸통은 나무, 얼굴은 금이다. 고왕국 6왕조 페피 1세(재위 기원전 2332년~기원전 2283년) 때 만들어진 호루스 머리를 보자. 단군할아버지 시기다. 큼직한 금관을 썼다. 대륜은 아무런 장식 없는 금관으로 만들었다. 대륜 앞부분에 고귀함과 권위를 상징하는 코브라 형상의 우라에우스를 붙였다. 세움 장식으로는 타조 깃털 2개를 높이 세운 슈티다. 태양신 아몬이 쓰는 관이다. 몸통과 달리 금관은 신왕국 시대(기원전1570년~기원전 1069년) 만든 것이라고 박물관 측은 설명한다. 신왕국은 31개 왕조가 명멸한 이집트 역사에서 18, 19, 20왕조가 지배한 시기다. 이집트 역사의 황금기로 불린다. 18왕조 투탕카멘, 19왕조 람세스 2세는 가장 널리 알려진 이시기 파라오다. 지상을 호령하는 신 호루스를 대신해 지

신왕국 시기 금관. 매 형상의 신 호루스 머리에 코브라 형상 우라에우스와 아몬신의 관 슈티를 소재로 한 금관을 씌웠다. 기원전16~기원전11세기. 카이로 이집트 박물관. ⓒ김문환

상을 실제 통치하는 파라오의 금관은 없을까?

투탕카멘 금관 기원전14세기 코브라 장식

1922년 11월 4일 영국의 고고학자 하워드 카터는 이집트 룩소르에 있는 왕가의 계곡에서 그동안 알려지지 않은 새로운 무덤을 찾아낸다. 저승 수호신 아누비스가 개의 모습으로 9명의 포로 위에 앉아 있는 모습을 보고 파라오 무덤임을 확신한 카터는 5년째 발굴 자금을 대고 있던 영국의 죠지 허버트 경에게 전보를 친다. "마침내 계곡에서 장엄한 무덤을 발견했습니다. 당신의 도착을 축하드립니다." 당시 고고학계의 주류 의견은 이제 더 이상 룩소르 왕가의 계곡에 파라오 무덤은 없다는 것이었다. 이를 뒤엎고 새로운

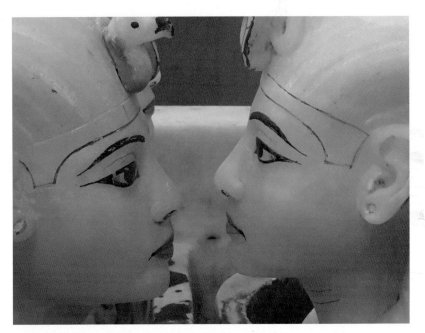

투탕카멘 조각. 투탕카멘의 장기를 보관하던 장기보관함 4개의 뚜껑을 장식하는
알라바스터 조각. 기원전14세기. 카이로 이집트 박물관. ©김문환

투탕카멘 금관. 코브라를 소재로 한 이집트 양식의 금관이다. 기원전14세기.
카이로 이집트 박물관. ©김문환

파라오 추정 무덤을 발견했다니… 허버트 경은 즉시 배를 잡아탔고, 1922년 11월 23일 룩소르 역에 도착했다. 허버트 경이 지켜보는 가운데 24일 작업을 재개한 카터가 탐침봉으로 무덤 석실을 뚫고 3300년 만에 내부를 들여다봤다. 온갖 보물로 가득한 무덤의 주인공은 투탕카멘(재위 기원전 1334년~기원전 1325년). 이집트 고대 역사에서 유일하게 도굴이 아닌 발굴된 파라오 무덤이다.

이집트 박물관 2층 전시실을 가득 메운다고 해도 지나치지 않은 숱한 황금유물은 다음 기회로 미루고 금관을 보자. 대륜에 홍옥수(카닐리언)로 만든 둥근 태양원반(태양신 라 상징)을 촘촘히 박았다. 대륜 앞부분에는 2개의 장식물을 붙였다. 청금석(라피스 라줄리)을 활용한 코브라 장식 즉, 우라에우스와 금으로 만든 독수리 머리다. 대륜 밑으로는 코브라 형상의 금조형물 2개를 달았다. 태양원반, 코브라, 독수리라는 이집트 특유의 모티프가 앞선 헬레니즘 시대 그리스 영향을 받은 금관과 차별화된다. 이집트 파라오들은 네메스관이라고 하는 천으로 만든 관을 썼다. 금관은 천으로 만든 네메스관 위에 쓰거나 머리 위에 직접 쓴다. 다른 파라오 무덤은 투탕카멘 것만 제외하고 100% 도굴됐다. 털린 금 유물은 녹여 매매됐기 때문에 원형을 유지한 파라오 금 유물은 일부 소품을 제외하면 거의 남지 않았다. 투탕카멘은 우리나이 9살에 즉위해 18살에 의문의 죽음을 맞았다. 소년 파라오의 무덤이 황금 부장품으로 가득했다면 위세를 누린 파라오들의 무덤은 얼마나 화려한 유물이 많았을지 짐작가능하다.

룩소르 투탕카멘 무덤 벽화 속 금관

1922년 11월 24일 카터와 허버트 경, 그의 딸 에블린이 들어갔던 룩소르 왕들의 계곡 투탕카멘 무덤으로 직접 가보자. 룩소르 왕들의 계곡은 비싼 입장료를 받고 3개의 파라오 무덤을 볼 수 있도록 해준다. 하지만, 투탕카멘 무덤을 보려면 별도의 요금을 내고 들어가야 한다. 투덜대며 추가 요금 낸 뒤 표를 사 들어간다. 파라오 무덤이라고 보기에는 너무 작고 초라한 규모에 일단 놀란다. 하지만, 지하로 내려간 뒤 전실에 마련된 투탕카멘의 미라를 보는 순간 역사와 시간의 흐름에 대한 새로운 느낌에 사로잡힌다. 3300년 세월을 넘어 고이 잠들어 있는 듯한 모습의 투탕카멘. 오른쪽으로 시선을 돌리면 현실이 나온다.

투탕카멘 무덤 입구. 룩소르 나일강 서안 왕들의 계곡. 기원전 14세기. ⓒ김문환

투탕카멘 미라. 룩소르 나일강 서안 왕들의 계곡. 기원전 14세기. ⓒ김문환

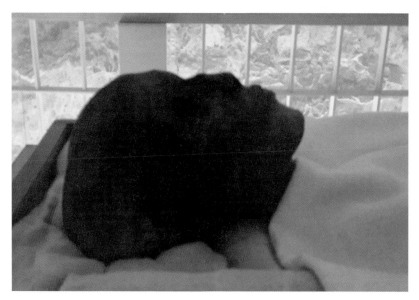

투탕카멘 미라 얼굴. 룩소르 나일강 서안 왕들의 계곡. 기원전 14세기. ⓒ김문환

지금은 전실과 현실, 보물실 등을 모두 헐어 하나의 공간으로 만들어 놓았다. 하지만, 투탕카멘 황금 미라 관이 들어 있던 규암 석관은 원래 놓였던 자

투탕카멘 무덤 현실의 규암석관과 벽화. 기원전 14세기. ⓒ김문환

투탕카멘의 영혼이 우라에우스 달린 금관을 쓰고 이시스 여신을 저승에서 만나는 장면.
실제 유물과 달리 대륜 아래로 코브라 달린 드림 장식은 안 보인다.
기원전 14세기. ⓒ김문환

리에 그대로다. 석관 주위 동서남북 4면에 화려한 채색 프레스코가 원래 모습대로 남았다. 선명한 색상의 프레스코 가운데 투탕카멘의 영혼 카의 차림새를 보자. 이시스 여신을 만나는 투탕카멘 영혼은 머리에 코브라형상의 우라에우스를 단 금관을 썼다. 쪽빛 청금석과 붉은 홍옥수를 번갈아 배치한 디자인에서 화려함 색감이 묻어난다. 유물로 발굴된 실제 금관과 같은 디자인이다. 단, 실물 금관의 대륜 밑으로 달린 코브라 드림 장식은 보이지 않는다.

람세스 3세와 세티1세 금관

조각과 프레스코를 통해 투탕카멘 금관과 같은 형태의 파라오 금관을 더 들여다보자. 이집트 최고의 역사도시 룩소르 나일강가에 자리한 룩소르 박물관은 유물이 많지 않지만, 카이로 이집트 박물관에서 볼수 없는 특별한 조각들이 탐방객의 흥분을 자아낸다. 세련된 조각술을 자랑하는 고대 이집트 조각예술의 정수를 만날 수 있다. 그중 20왕조 람세스 3세(재위 기원전 1182년~기원전 1151년) 조각을 보자. 시카고 오리엔트 연구소가 1930년대 룩소르 카르낙 아몬대신전의 무트 여신 성역소에서 일부 조각을 출토했고, 2002년 존스 홉킨스 대학이 추가 발굴해낸 조각들을 조합한 결과물이다. 얼굴을 들여다보자. 비록 파손됐지만, 코브라의 모습, 즉 우라에우스가 달려 있다 떨어져 나간 흔적이 뚜렷이 보인다. 이제는 머리 뒷부분을 살펴보자. 대륜 밑으로 코브라 형상의 드림장식이 달려 있다. 투탕카멘 실물 금관과 똑같은 모양새다. 조각은 투탕카멘보다 150여년 뒤 만들어졌다.

무대를 다시 룩소르 왕들의 계곡으로 옮겨 19왕조 세티 1세(재위 기원전 1291년~기원전 1278년) 무덤으로 들어가 보자. 투탕카멘이 죽은 뒤 불과 40여

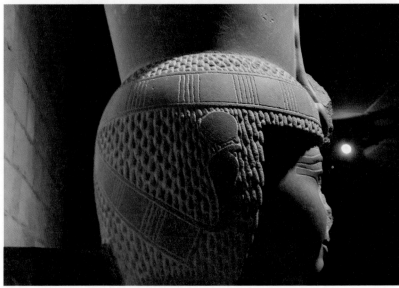

람세스 3세 조각의 금관. 코브라 형상 우라에우스는 떨어져 나갔지만, 금관의 형태는
뚜렷이 보인다(위). 람세스 3세 조각 뒷면. 투탕카멘 금관처럼 코브라 형상의 드림장식이
달린 모습이 정확히 보인다(아래). 기원전 12세기. 룩소르 박물관 ⓒ김문환

세티 1세 무덤 내부. 기원전 13세기. 룩소르 왕들의 계곡 ⓒ김문환

세티 1세 프레스코. 기원전 13세기. 룩소르 왕들의 계곡 세티 1세 무덤 ⓒ김문환

세티 1세 신전. 기원전 13세기. 아비도스 ⓒ김문환

세티 1세 금관 프레스코. 기원전 13세기. 아비도스 세티 1세 신전 ⓒ김문환

년의 시간차 밖에 나지않는 동시대 무덤이다. 세티 1세 무덤은 지금까지 지구상에 발굴된 고대 무덤 가운데 가장 크고 긴 지하 공간을 가졌다. KV17로 불리는 세티 1세 무덤은 지하로 137.5m를 들어가야 현실이 나온다. 내부는 화려한 채색 프레스코로 가득하다. 투탕카멘 무덤 입장료보다 무려 4배의 특별 요금을 더 내야 들어갈 수 있다.

세티 1세 프레스코 가운데 우라에우스를 단 황금관을 볼수 있다. 하지만, 생김이 투탕카멘이나 람세스 3세랑은 조금 다르다. 무대를 오시리스 신앙의 중심지 아비도스로 옮겨보자. 세티 1세는 이곳에 자신의 신전과 저승의 신 오시리시를 기리는 신전 오시레이온을 동시에 건축했다. 신전은 3200여 년 세월이 무색할 만큼 거의 완벽에 가까운 외형과 내부 프레스코를 유지하며 새물내를 물씬 풍긴다. 기적과도 같은 일이다. 이곳 프레스코를 찬찬히 들여다보자. 세티1세가 머리에 쓴 금관은 투탕카멘 금관이나 람세스 3세 조각 머리에 쓴 금관조각과 정확히 일치한다.

기원전 20세기 이집트 공주 금관

카이로 이집트 박물관으로 다시 가서 투탕카멘 금관보다 더 오래된 이집트 금관을 보자. 금관의 형태는 투탕카멘 것과 비슷하면서도 단순하다. 얇은 금관으로 만든 대륜에는 장미꽃 무늬 장식을 빙 둘러 붙였다. 앞에는 코브라(우라에우스)를 달았다. 특별한 장식이 없는 얇은 금관 2개를 묶어 대륜 위로 세움 장식처럼 올렸다. 이런 장식을 대륜 아래로는 2개 늘어트렸다. 투탕카멘 금관은 아래로 늘어트린 장식이 코브라 형상이지만, 여기서는 단순한 금관이다. 청금석을 활용한 우라에우스는 화려한 면모를 뽐낸다. 파라

사트 하토르 이우넷 공주의 금관. 투탕카멘 금관과 비슷한 모습이다.
기원전 20세기~기원전 18세기. 카이로 이집트 박물관 ⓒ김문환

오나 이에 준하는 왕실 일원만 활용하던 우라에우스를 장식으로 단 금관의
주인공은 누구일까? 중왕국 12왕조(기원전 1991년~기원전 1782년)시기 공주
사트 하토르 이우넷으로 밝혀졌다. 여성의 금관이다. 남성 파라오만 활용하
는 것이 아니라, 고귀한 신분의 여성도 금관을 활용했음을 보여준다.

공주의 금관 옆으로 2점의 금관이 더 기다린다. 투탕카멘이나 사트 하토
르 이우넷 공주 금관과 형태가 다르다. 먼저, 홍옥수와 터키석 장식을 연결
시킨 특이한 형태의 대륜 금관이 눈길을 사로잡는다. 대륜에는 나무를 세움
장식으로 세웠다. 가지 달린 나무를 세움 장식으로 쓴 점은 일견 신라 금관
과 비슷하다. 두 번째 금관의 대륜은 장미와 백합 모양의 꽃무늬에 독수리
가 나는 형상을 이어 붙였다. 봉황이 나는 서봉총 금관과 맥이 닿는다. 여기

사트 하토르 이우넷 공주의 금관. 청금석을 활용해 만든 코브라 형상 즉 우라에우스가
공주의 고귀한 신분을 나타낸다. 대륜에 붙인 장미꽃 무늬는 초화형의 원조다.
기원전 20세기~기원전 18세기. 카이로 이집트 박물관 ⓒ김문환

에 홍옥수와 터키석을 소재로 한 연꽃무늬 형태의 조각을 붙여 화려함을 더

했다. 이 두 개 금관의 주인공은 12왕조 귀족 크누미트다. 크누미트 금관은

기원전1900년경 제작된 것으로 이집트 박물관 측은 설명한다. 사트 하토르

이우넷 공주와 귀족 크누미트 금관은 지금까지 발굴된 인류사 금관 가운데

주인공이 확실하게 밝혀진 가장 오래된 금관이다. 기원전 20세기이니 무려

4000년이나 지났다. 4000년 전 금관의 주인공까지 밝혀진 이집트 금관의

역사가 지구촌 금관의 역사를 이해하는 새로운 잣대를 제공해 준다.

크누미트 금관1. 홍옥수와 터키석으로 만든 대륜에 금으로 만든 나뭇가지 형상 세움 장식을 붙였다. 기원전 1900년. 카이로 이집트 박물관 ⓒ김문환

크누미트 금관2. 금으로 만든 백합과 장미 무늬에 독수리가 나는 조각이 돋보인다. 홍옥수와 터키석으로 연꽃 장식도 달았다. 기원전 1900년. 카이로 이집트 박물관 ⓒ김문환

기원전 25세기 이집트 금동관

오스트리아 수도 비엔나로 가보자. 이집트 금관의 기원을 밝혀줄 유물이 뜻밖에 카이로 이집트 박물관이 아닌 비엔나 미술사 박물관에서 기다린다. 유서 깊은 합스부르크 왕가 호프부르크 궁전 정원 길 건너로 비엔나 자연사 박물관과 비엔나 미술사 박물관이 마주보고 자리한다. 둘 다 인류사 이해를 위해 방문해볼 가치가 크다. 그중 미술사 박물관으로 가면 이집트 유물만 따로 모아 놓은 전시실을 탐방할 기회를 얻는다. 루브르나 대영박물관, 이탈리아 토리노 박물관, 베를린 노이에스 박물관에 비해 유물이 많지는 않지만, 금관과 관련해서는 다른 박물관에서 볼수 없는 독보적인 유물을 소장하고 탐방객을 기다린다. 관테인 대륜 양쪽으로 리본 형식의 드림장식을 붙인 형태의 금동관이다. 주석으로 만든 뒤, 금박을 입히는 방법을 썼다.

언제 만들어졌을까? 이집트 역사 초기인 고왕국 6왕조의 기원전 2450년 ~기원전 2350년 사이 제작됐다. 비엔나 학술위원회(Academy of Science)가 1913년 기자의 대피라미드 단지 서쪽 공동묘지 구역의 S316 무덤에서 출토한 귀한 유물이다. 단순히 금만 사용한 게 아니다. 주석에 금박을 입힌 것이지만, 여기에 도자기와 홍옥수(카닐리언) 보석을 넣어 화려함을 더했다. 코브라 형상의 우라에우스 장식을 달지 않았으니 파라오의 금관은 아니다. 피라미드에서 발굴된 게 아니고, 일반 무덤이기 때문에 왕실 일원이나 고위직 귀족이 무덤에 부장품으로 넣은 관으로 추정된다. 금관이 파라오 뿐 아니라 왕실이나 귀족의 고귀한 신분을 상징하는 수단이었음을 말해준다.

이집트 금동관과 목장식 우세크.
기원전 2450년~기원전 2350년. 비엔나 미술사 박물관 ©김문환

20. 금관의 기원은 기원전 4500년 흑해?

포르투갈, 스페인, 헝가리의 초기 금관

금관의 역사를 더듬는 여정. 이제 한국에서 가장 멀리 떨어진 유라시아 대륙 서쪽 끝 이베리아반도로 가보자. 포르투갈 수도 리스본에서 버스로 한 시간 거리의 로카 곶은 끝 중에서도 끝으로 많은 관광객들이 찾는다. 한국

로카 곶. 유라시아 대륙 서쪽 맨 끝 지점. 대서양이 펼쳐진다. 포르투갈. ⓒ김문환

대항해탑. 포르투갈 수도 리스본. ©김문환

에서 맡고 간 태평양의 공기를 로카곶 대서양에 마음껏 내뿜고 대서양 공기를 다시 마신 뒤 리스본 고고학 박물관으로 간다. 15세기 인류사를 바꾼 대항해시대의 선도자는 포르투갈이었다. 그 주역 엔리케 왕자와 위대한 항해자들을 기리는 바닷가 대항해탑 앞으로 유네스코 세계 문화유산인 성제로니모 수도원이 자리한다. 그 서쪽건물이 고고학 박물관이다. 그리 크지 않지만, 청동기 시대 금관의 대륜과 기타 황금유물이 탐방객을 맞는다. 유라시아 대륙 한국에서 가장 멀리 떨어진 포르투갈에서도 금관은 이미 선사시대부터 만들어진 거다. 아쉽게도 연대를 표시해놓고 있지는 않다. 포르투갈과 함께 이베리아 반도에 있는 나라, 스페인으로 가보자. 수도 마드리드 고고학 박물관에도 초기 형태의 금관들을 전시중이다. 띠 형태의 대륜을 가진

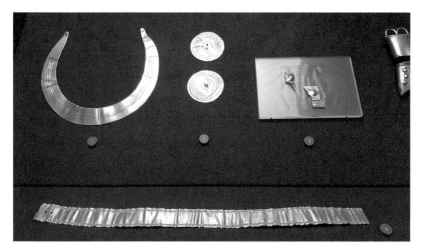

금관 대륜과 황금 유물. 리스본 고고학 박물관. ©김문환

초기 형태 이베리아 반도 금관. 마드리드 고고학박물관. ©김문환

금관은 초기철기시대라고만 표시돼 있다. 두개골 모형에 씌워 전시중인 금
관은 알함브라 궁전으로 유명한 그라나다에서 출토한 것인데, 복제품을 내

망자 두개골의 금관. 그라나다 출토. 복제품. 마드리드 고고학박물관. ⓒ김문환

금관 대륜. 청동기 시대. 부다페스트 헝가리 국립박물관. ⓒ김문환

놓았다. 박물관측은 청동기 시대라고 밝힌다.

헝가리 부다페스트로 가보자. 부다페스트는 다뉴브강을 경계로 동쪽 페스트, 서쪽 부다로 나뉜다. 로마시대 중심부는 부다쪽에 있다. 로마시대 부다는 아킨쿰으로 불렸다. 지금도 부다 북쪽 시가지에 아킨쿰 유적지가 남아 있다. 지금 관광의 중심이 되는 주요 건물은 페스트 쪽에 자리한다. 헝가리는 1241년 동방에서 온 침략자에게 수난을 겪는다. 누가 헝가리를 시련에 들게 했을까? 몽골이다. 징기스칸이 죽고 즉위한 대칸 오고타이는 조카인 바투(징기스칸의 장남 주치의 둘째 아들)를 총사령관 삼아 서방 정벌을 명한다. 1240년 몽골 초원 카라코룸을 출발한 정벌군은 불길 같은 속도로 지나는 모든 영역을 싹쓸이하며 흑해에 이르렀다.

12월 우크라이나 키에프를 도륙낸 몽골군은 동유럽으로 진입했고, 1241년 3월 헝가리에 도착했다. 페스트 시가지에서 헝가리인들은 용감하게 맞섰지만, 사흘간 비처럼 쏟아진 몽골군 화살에 함락되고 만다. 바투의 본부대는 1242년 1월 얼어붙은 다뉴브강을 건너 부다로 건너온 뒤 역시 왕궁을 비롯해 부다를 쑥대밭으로 유린한다. 다뉴브강은 핏빛으로 물들었다. 이때 별동부대는 폴란드로 가 독일과 폴란드 연합기사단을 격파한다. 피난민이 서유럽으로 들어가면서 서유럽도 공포의 도가니에 휩싸였다. 알프스를 넘어 이탈리아반도로 내려가려할 즈음 1242년 3월 수도 카라코룸에서 기별이 왔다. 대칸 오고타이가 1241년 12월 사망한 것. 전군은 차기 대칸 선출을 위해 회군하고, 유럽은 몽골의 공포에서 벗어난다. 한국인들이 부다페스트를 찾아 감탄에 젖는 다뉴브강 야경. 그 강에는 몽골에 당한 흑해와 동유럽의 슬픈 역사가 흐른다. 부다페스트 국립 박물관에는 청동기시대 금관의 대륜

부다페스트 국회의사당과 다뉴브강 야경. ⓒ김문환

부다페스트 다뉴브강. ⓒ김문환

을 전시중이다. 정확한 연대를 특정하지 않고 청동기 시대로만 돼 있어 아쉬움을 남긴다.

흑해연안 루마니아 기원전 14세기~기원전 12세기 금관

흑해 연안으로 간다. 루마니아 수도 부쿠레슈티박물관으로 발길을 옮겨보자. 역사적으로 루마니아는 로마제국의 북동쪽 끝 정복지였다. 지도를 펴보면 이탈리아반도와 멀리 떨어져 있지만, 루마니아(Romania)라는 나라 이름은 로마시대 라틴어 로마누스(Romanus, 로마의 시민)이라는 데서 나온 데서 알 수 있듯이 로마와 관계가 깊다. 로마제국 5현제시대 두 번째 황제인 트라야누스황제가 106년 다키아(오늘날 루마니아 지방)를 정복하면서 로마문명권에 든다. 루마니아어는 북쪽으로 이웃한 몰도바어, 프랑스어, 이탈리아어, 스페인어, 포르투갈어와 함께 라틴어(로마제국 언어)의 후예인 로망스어라고 불린다.

독일 삼림지대에서 시작하는 다뉴브 강은 동유럽 땅 2,857㎞를 가로질러 흑해로 흘러든다. 루마니아는 비옥한 하류에 위치해 예로부터 많은 민족의 이동통로이자 문명의 교차로였다. 루마니아와 불가리아가 선사시대부터 빼어난 유물을 남기는 이유다. 역사시대 들어 북쪽의 스키타이도 남쪽의 그리스도 흑해 연안 불가리아와 루마니아로 들어와 교류의 흔적을 남긴다.

루마니아 수도 부쿠레슈티 국립 루마니아 역사박물관은 그렇게 태어난 유물을 소장하는 흑해 역사의 보고(寶庫)다. 특히, 인류가 금을 다루기 시작한 초기의 황금유물도 다수 전시중이다. 금관도 그 가운데 하나다. 그동안 살펴본 유라시아 대륙 금관은 신라와 가야의 경우 5세기에서 6세기, 선비족 4세

루마니아 출토 금관. 기원전 12세기.
루마니아 부쿠레슈티 국립 루마니아 역사박물관. ⓒ김문환

루마니아 출토 금관. 기원전 14세기.
루마니아 부쿠레슈티 국립 루마니아 역사박물관. ⓒ김문환

아나톨리아 문명박물관. 오스만투르크 시절 바자르(시장) 저장창고였다. ©김문환

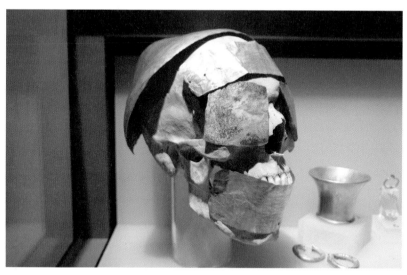

망자의 머리와 얼굴을 장식하던 황금유물. 터키 퀼테페 출토.
기원전 19세기~기원전 17세기. 앙카라 아나톨리아 문명박물관. ©김문환

기에서 6세기, 훈(흉노)족 기원전 3세기에서 4세기, 월지족 기원전 1세기에서 1세기, 스키타이 기원전 6세기에서 기원전 3세기, 트라키아 기원전 4세기에서 기원전 3세기, 마케도니아를 중심으로 한 헬레니즘 시대 그리스 기원전 6세기에서 기원전 3세기다. 부쿠레슈티박물관에 전시중인 소박한 형태의 금관은 기원전 14세기에서 기원전 12세기다. 이집트는 기원전 25세기까지 거슬러 올라간다. 미케네와 트로이는 기원전 30세기에서 기원전 16세기다.

농사문명의 발원지 터키 아나톨리아의 초기 금관

금관문화의 기원을 밝히는 여정의 종착역이 멀지 않았다. 터키는 유럽과 아시아 두 대륙에 걸친 나라다. 유럽 쪽 땅을 트라키아, 아시아 쪽 땅을 아나톨리아로 부른다. 아나톨리아는 유프라테스강과 티그리스강의 발원지다. 두 강은 터키에서 시작해 시리아와 이라크를 거쳐 페르시아만으로 흘러간다. 그동안 메소포타미아에 상대적으로 가려져 있었지만, 최근의 발굴 성과를 보면 아나톨리아는 신석기 농사문명의 출발, 최초의 집단 거주지 즉 도시형성과 관계 깊다. 1만2500년 전 지구가 간빙기에 들어 따뜻해지면서 농사문명이 시작되는 지점이 아나톨리아다. 1만1500년 전이다. 2006년 독일 잡지 슈피겔은 "쾰른의 막스 플랑크 연구소가 아나톨리아 차요뉘 근처 카라카 산지에 현재 지구촌 주요 곡물 68가지의 공통 조상 식물이 야생으로 자란다는 걸 발견했다"고 보도한다.

이 원시 곡물이 밀로 진화해 아나톨리아와 메소포타미아 일원에서 본격 재배된 것은 기원전 9600년 경, 보리로 재배된 것은 기원전 8500년 경 부터다. 이것이 초원의 길을 타고 중국과 한반도로 흘러왔다. 우리 사회 배고프

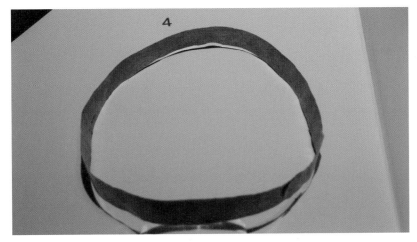

금관 대륜. 알라자 회윅 출토. 기원전 2500년~기원전 2250년. 아나톨리아 문명박물관. ⓒ김문환

원형으로 남은 금관 대륜. 위아래로 작은 돌기가 줄지어 있다. 알라자 회윅 출토.
기원전 2500년~기원전 2250년. 아나톨리아 문명박물관. ⓒ김문환

던 시절을 상징하는 '보릿고개'라는 말은 이런 전파의 산물이다. 쌀은? 2011
년까지 연구결과 반대다. 통통하고 기름진 자포니카와 길고 가느다란 인디
카 품종의 공통조상이 중국 양자강 유역에서 기원전 1만1500년에서 기원전
6500년 처음 재배된다. 서쪽의 인도 아삼 지방(방글라데시 북쪽)으로 전파된

것은 기원전 4500년경이다. 이때 인디카 품종이 갈라진다. 과거 인도에서 처음 재배돼 전파된 것으로 추정됐지만, 현대 유전과학의 성과는 벼 전파와 관련한 새로운 진실을 들려준다. 문물은 이렇게 오간다. 금관도 그렇다. 터키에서 발굴된 초기 형태 금관은 앞서 트로이에서 일부 살펴봤다. 터키 수도 앙카라의 아나톨리아 문명박물관은 농사 문명 초기 인류의 유물을 간직한 보배같은 탐방장소다. 금관과 관련해서도 마찬가지다. 퀼테페 출토 금관은 모형 두개골에 씌워 전시중인데, 트로이보다는 다소 늦은 기원전 19세기에서 기원전 17세기 금관으로 추정된다고 박물관 측은 밝힌다.

아나톨리아의 기원전 25세기~기원전 23세기 금관

앙카라에서 동북쪽 흑해 방향으로 200여㎞ 지점에 보아즈칼레라는 마을이 나온다. 지금은 작고 초라하지만, 기원전 15세기 인류사 최초의 철기문명을 발전시킨 히타이트 제국의 수도 하투샤 유적지가 이곳에 자리한다.

여기서 다시 동북쪽으로 1시간여 더 가면 알라자 회윅에 이른다. 선사시대부터 히타이트 시대까지 유적이 확인된 이곳에서 초기 형태 금관이 여러 점 쏟아졌다. 원형 대륜(臺輪)을 갖춘 금관이다. 대륜 잔해만 남은 것부터 폭이 넓은 격자무늬 대륜 금관까지 다양하다. 모두 기원전 2500년에서 기원전 2250년 사이 만들어졌다. 단군할아버지 보다 오래된 금관들이다. 앙카라 아나톨리아 문명 박물관으로 옮겨 전시중이다.

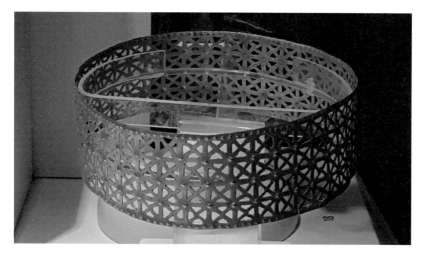

격자무늬 금관. 알라자 회윅 출토. 기원전 2500년~기원전 2250년. 아나톨리아 문명박물관.
ⓒ김문환

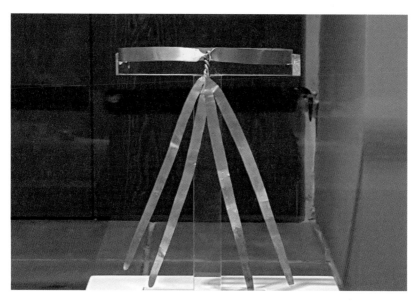

원형 금관. 4개의 가지를 아래로 늘어트린 형태. 알라자 회윅 출토.
기원전 2500년~기원전 2250년. 아나톨리아 문명박물관. ⓒ김문환

격자무늬 대륜 금관. 알라자 회윅 출토. 기원전 2500년~기원전 2250년.
아나톨리아 문명박물관. ⓒ김문환

금관. 메소포타미아 우르 출토 유물과 비슷하다. 알라자 회윅 출토.
기원전 2500년~기원전 2250년. 아나톨리아 문명박물관. ⓒ김문환

문자 발상지 메소포타미아 기원전 25세기 관모 금장식

인류 역사에서 문자를 처음 발명한 주역은 메소포타미아의 수메르인이다. 기원전 3300년 경 상형문자를 선보인다. 이때부터 기록을 시작한 인류는 선사시대에서 역사시대로 접어든다. 수메르는 문자 창조에 이어 문학, 과학은 물론 금관문화도 앞섰다. 대영박물관에는 메소포타미아 문명의 본거지 우르(Ur)의 왕실 묘지에서 출토한 다양한 유물을 전시중이다. 그 중 탐방객의 눈길을 끄는 유물은 관모 금장식이다. 여러 개의 금띠, 금 꽃잎, 금 달개가 보인다.

머리에 쓴 복원 모형을 보면 더 쉽게 이해할 수 있다. 누가 이런 관모 금장식을 사용했는지도 분명해진다. 피장자의 목 부위에 각종 구슬로 만든 목걸이가 걸렸다. 여성이다. 1923년부터 1932년까지 대영박물관과 펜실베니

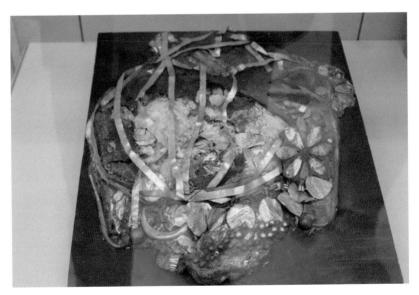

메소포타미아 여성 관모 금장식. 우르 출토. 기원전 2500년 경. 대영박물관. ⓒ김문환

메소포타미아 여성 관모 금장식. 복원 모형. 대영박물관. ⓒ김문환

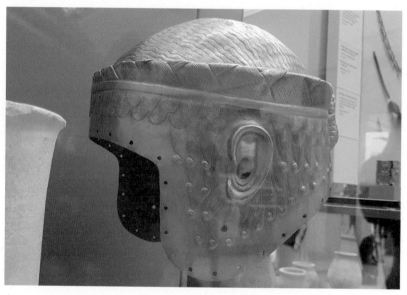

메소포타미아 황금 투구. 기원전 25세기. 우르 출토. 대영박물관. ⓒ김문환

아 대학 박물관이 공동으로 울리 박사 주도아래 이뤄진 발굴에서 발굴팀은 대구덩이 무덤(Great Death Pit)이라고 불리는 무덤을 발굴했다. 무려 68명의 여성 시신이 안치돼 붙인 이름이다. 이 가운데 53번째 여인의 시신 머리에 놓인 금장식을 복원한 거다. 이 옆에는 황금 투구를 전시중이다. 왕실 묘지 755번 무덤에서 출토한 이 투구는 망자의 두개골 밑에서 출토됐다. 손에는 황금 사발을 들고 있었는데 여기에 당시 왕 '메스칼람두그' 이름이 새겨져 있는 것으로 봐 발굴팀은 왕의 아들인 왕자로 추정한다고 박물관측은 밝힌다. 남자는 황금 투구, 여성은 화려한 황금 관모장식인 셈이다. 그러니까, 머리에 쓰는 금장식은 처음부터 권력이라기보다는 고귀한 신분과 부를 과시하는 수단이란 점을 말해준다. 기원전 2500년 전 메소포타미아 우르 왕실 묘지의 여성 관모 금장식부터 5세기 경주 황남대총 북분과 서봉총의 여성 추정 무덤 금관까지 말이다.

흑해 불가리아 인류사 최초의 금관

이제 다시 흑해 연안으로 가서 금관의 역사 탐방을 마무리 짓자. 불가리아 바르나로 가본다. 바르나가 종착역이다. 지중해와 흑해 연안의 주요한 유적지를 두루 탐방하는 가운데, 가장 아름다운 환경의 해안을 들라면 단연 바르나를 꼽는다. 북아프리카 리비아나 이집트의 모래해안, 스페인 지중해안, 에게해 터키 해변도 아름답지만, 고운 모래, 드넓은 백사장 소나무 숲까지. 바르나를 필적하기는 어렵다. 1920년대부터 이미 서유럽인들에게 해변 휴양지로 널리 인기를 모았다. 물가도 저렴해 관광객들의 부담도 적다. 바르나는 16세기 이후 오스만 터키가 흑해에서 운영한 가장 큰 항구도시였다.

유럽 각지에서 온 휴양객들로 붐비는 바르나 해변. 모래가 밀가루처럼 곱다. ⓒ김문환

로마시대에도 번영해 지금도 목욕탕 등의 유적이 남아 로마의 전설을 되살린다. 물론 그 이전에는 그리스인들이 들어와 오데소스라는 이름으로 도시를 건설해 그리스문명의 흔적도 남았다. 그러나, 불가리아 최대 무역항 바르나의 진면목은 그림 같은 해변이나 터키의 항구, 그리스로마 유물을 벗어난다. 지금까지 지구촌에서 발굴된 인류역사상 가장 오래된 황금 유물의 도시, 그곳이 바르나다.

바르나 고고학 박물관으로 가보자. 건물이 낡아 고풍스럽지만, 내부로 들어가면 휘황찬란하다. 금빛으로 번쩍인다. 1972년 바르나에서 우연히 선사시대 공동묘지가 발견됐다. 조사결과 기원전4600년에서 기원전4200년 사이 무덤으로 밝혀졌다. 지금까지 70% 가량을 발굴해 모두 294기의 무덤을 찾아냈다. 여기서 나온 유물은 놀라웠다. 특히 43번 무덤에서는 머리의 관모장식부터 황금 손잡이 도끼, 귀걸이, 목걸이, 팔찌 등의 황금 부장품이 쏟아졌다. 석기만 쓰던 인류가 기원전 5000년대 처음으로 금속을 사용했다는 것이 지금까지 밝혀진 고고학계의 결론이다.

금속을 사용하기 시작한 초기 권력자는 무덤 부장품으로 금속무기와 금을 넣어 부와 권력을 과시했다. 가장 오래된, 그리고 가장 화려하면서도 많은 황금부장품을 묻은 무덤이 바르나 선사시대 공동묘지다. 43번 무덤에서는 동그란 형태의 머리 금장식만 나왔지만, 2번과 3번 무덤에서는 이마에 직접 착용한 초기 형태 금관이 나왔다. 인류가 사용한 최초의 금관이다. 2번 무덤의 경우 이마에는 띠 형태의 금관, 눈가리개, 귀걸이, 입가리개, 목걸이까지 출토됐다. 3번 무덤의 금관은 'T'자 형태로 이마에 부착시킨 모습이다. 6500여년 전 인류가 사용한 권력과 권위, 부의 상징이다.

지금까지 발굴된 유물로 볼 때 가장 오래된 금관은 불가리아 바르나 출토품이다. 신라와 가야의 금관이 나오기 5000여 년 전이다. 밀이나 보리, 쌀은 민들레 홀씨처럼 날아오거나 택배로 오지 않는다. 사람이 움직여 전파한다. 금관문화도 마찬가지다. 수십 년, 수백 년… 아니 그 이상 시차를 두고 천천히 한 지역에서 다른 지역으로 퍼져 나간다. 전파된 곳에서 새로운 모습을 담아 다시 이동한다.

문화전파와 창조의 본질이다. 기원전 4500년경 흑해연안에서 시작된 금관은 동서남북으로 퍼진다. 기마민족 스키타이가 흑해연안에서 유라시아 초원지대로 전파한 금관은 중앙아시아, 몽골초원, 만주를 거쳐 한반도로 들어왔고, 일본으로 건너갔다. 5000년의 세월을 거치며 또 각 지역에서 새로운 의미와 형식을 담아내며 말이다. 한국금관의 역사다.

인류 역사상 가장 오래된 황금유물 부장품. 바르나 선사시대 공동묘지 43번 무덤.
기원전 4600년~기원전 4200년. 바르나 고고학박물관. ⓒ김문환

유골을 뒤덮는 황금 부장품과 두개골 위 관모 금장식. 43번 무덤.
기원전 4600년~기원전 4200년. 바르나 고고학박물관. ⓒ김문환

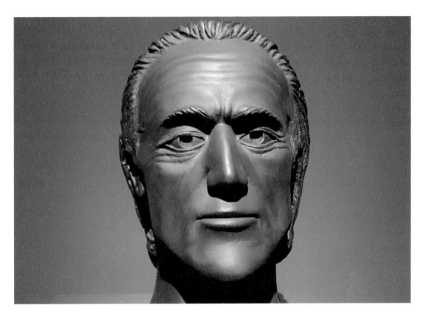

43번 무덤의 유골을 복원한 두상. 바르나 고고학박물관. ⓒ김문환

2번 무덤 발굴 사진. 유골이 모두 흙으로 변한 상태에서 금관의 윤곽만 보인다.
기원전 4600년~기원전 4200년. 바르나 고고학박물관. ⓒ김문환

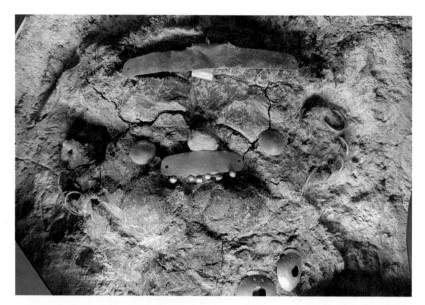

2번 무덤 금관을 복원한 유골에 착용시킨 모습. 눈가리개, 귀걸이, 입가리개, 목걸이도 보인다. 기원전 4600년~기원전 4200년. 바르나 고고학박물관. ©김문환

3번 무덤 발굴 사진과 출토유물. 기원전 4600년~기원전 4200년. 바르나 고고학박물관. ©김문환

3번 무덤 금관을 복원한 유골에 착용시킨 모습. 'T'자 형태다.
기원전 4600년~기원전 4200년. 바르나 고고학박물관. ⓒ김문환

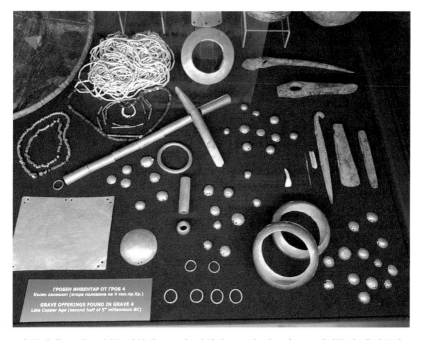

4번 무덤 출토 황금 유물. 기원전 4600년~기원전 4200년. 바르나 고고학박물관. ⓒ김문환

21. 보석금관은 언제부터 왕권을 상징했나?

독일 역사박물관의 나폴레옹 금관 초상화

통일 독일 수도 베를린 테겔 공항은 참 편리하다. 오스트리아 빈에서 들어갔는데, 그 흔한 입국검사도 없다. 브란덴부르크 문과 독일의회를 비롯해 박물관 섬이 있는 시내 최중심부까지 5천원도 안되는 저렴한 요금의 버스로 30분 안에 닿는다. 그나마 버스표를 끊지 않아도 누구나 말하는 사람이 없다. 건물이 오래돼 낡았다는 점을 빼면 불황 없이 잘사는 나라의 공항과 물가라는 점이 믿기지 않는다. 신 공항을 조만간 개장한다니 그때는 어떻게 바뀔지…

베를린은 탐방도 손쉽다. 다양한 박물관이 시내 중심 슈프레 강 한가운데 섬, 일명 박물관 섬에 모여 있으니 말이다. 터키 페르가몬 유적지의 헬레니즘 시대 제우스 대제단, 탈레스가 거닐던 터키 밀레토스의 로마시장 건물 입구를 통째로 가져다 전시중인 페르가몬 박물관, 고대 이집트 공에 기법의 절정을 보여주는 기원전 14세기 네페르티티 두상으로 이름 높은 노이에스(신) 박물관, 그리스 로마 유물의 보고 알테스(구)박물관이 그렇다. 알테스 박물관 앞 루스트 정원에서 슈프레 강을 건너 훔볼트 대학 방면 강가에 자리한 독일 역사박물관으로 가보자.

나폴레옹 전신 초상화. 금으로 만든 월계관을 쓰고있다. 프랑수아 제라르 작.
1806년~1810년. 베를린 독일 역사박물관. ⓒ김문환

1500년 남짓한 역사를 시대 순으로 장식하는 유물 가운데 뜻밖에 프랑스의 나폴레옹 관련 유물들이 눈길을 끈다. 나폴레옹이 쓰던 모자나 소지품들… 그중 나폴레옹 전신초상화를 보자. 프랑스 화가 프랑수아 제라르가 1806년에서 1810년 사이 그렸다. 나폴레옹은 프랑스로부터 독립운동을 벌이던 코르시카 섬 출신으로 정통 프랑스어 발음에도 어려움을 겪던 시골뜨기였다. 하지만, 파리 육군사관학교를 나와 군인의 길을 걷다 1795년 10월 과감한 공격작전으로 위기에 처한 프랑스 혁명을 구해내며 명성을 얻는다. 이후 해외 원정에서 탁월한 전략으로 연전연승하며 프랑스를 유럽 최고 강대국으로 만든다. 이어 프랑스 대혁명을 뒤엎고, 1804년 황제에 오른다. 물론 독재자들이 그렇듯 국민투표를 거친다.

제라르의 초상화에는 최고의 위세를 떨치던 이 무렵의 위엄이 묻어난다. 독일 역사박물관측은 프랑스 제국의 공식 나폴레옹 초상화라면서 프랑크 왕국 왕 가운데 샤를마뉴 대제와 그 이전 고대 로마제국 황제의 차림새라는 설명을 붙였다. 권위를 상징하는 홀을 오른손에 들고, 머리에 로마 황제가 애용하던 월계수 잎 금관을 썼기 때문이다. 유럽에서 황제나 왕의 즉위식을 왕관을 쓰는 대관식(Coronation)이라 부른다. 왕관이 곧 왕권이라는 의미다.

인류사에서 금관이 왕권은 아니었는데…

곰곰 따져보자. 대한민국 역사에서 금관을 왕권의 상징으로 썼던 임금이 있었는가? 없다. 황제를 칭했던 2명의 임금, 고종과 순종은 금관을 쓴 적이 없고, 세종을 비롯해 조선과 고려, 신라나 백제, 고구려의 왕 누구도 금관을 썼다는 기록이나 직접 증거는 없다. 앞선 글에서 살펴본 대로 신라 금관 6

개중 2개는 여성용, 2개는 성인용이 아닌 것으로 추정된다. 금관이 남녀를 떠나 권위의 상징이지 왕권의 상징은 아니었다는 얘기다. 동양에서 가장 오랜 왕조사를 가진 중국 황제 누구도 금관을 쓴 적이 없다. 중국은 금관을 권위의 상징으로조차 만들지 않았다. 일본의 천황도 마찬가지다. 신라나 가야에 훨씬 앞서 금관문화를 고도로 발달시켰던 기마민족인 선비족, 훈족(흉노), 월지, 스키타이의 금관이나 관모 금장식은 여성용이다. 각종 보석을 활용해 빼어난 장식미를 선보였던 헬레니즘 시기 지중해 연안 금관도 여성용이다. 이에 앞선 마케도니아 알렉산더의 부친 필리포스 2세 금관에서 보듯 사후 무덤에 왕의 금관을 넣었지만, 여성 무덤에도 넣었으니 왕권의 상징은 아니다. 이집트 파라오의 금관 역시 왕실 일원도 썼으니 마찬가지다. 그럼 언제부터 금관이 왕권의 상징으로 여겨진 걸까? 유물을 통해 시대 역순으로 거슬러 올라가 답을 찾아보자.

로마 황제 칭호 샤를마뉴의 보석금관 초상화

독일 역사박물관에서 초상화 한 점을 더 본다. 독일어권 국가들의 연합체인 신성로마제국의 지기스문트 황제(Sigismund, 재위 1433년~1437년) 초상화다. 그가 죽고 난 뒤, 뉘른베르크에서 활동하던 화가 알브레히트 뒤러가 1514년 그렸다. 머리에 각종 보석이 화려하게 박힌 금관을 쓴 모습이다. 이 금관의 모델은 무엇이었을까? 지기스문트 황제 초상화 옆에는 또 한 점의 초상화가 탐방객을 맞는다. 프랑스와 독일의 공동조상이자 프랑크 왕국 최초로 로마 교황청에서 황제 칭호를 얻은 샤를마뉴(독일어 카를 마그누스) 초상화다. 역시 보석으로 화려하게 장식한 금관을 썼다. 분위기가 비슷한데,

지기스문트 황제 초상화.
알브레히트 뒤레르 작. 1514년.
베를린 독일 역사박물관. ⓒ김문환

샤를마뉴 황제 초상화.
알브레히트 뒤레르 작. 1516년.
베를린 독일 역사 박물관. ⓒ김문환

이 역시 1516년 알브레히트 뒤레르 작품이다.

　뒤레르는 무엇을 근거로 지기스문트 황제와 샤를마뉴 황제의 보석금관을 그렸을까? 독일은 1871년 통일 독일제국이 들어설 때까지 여러 개의 나라들로 나뉘어 있었다. 지기스문트 황제는 뮌헨 중심의 독일 남부 바바리아 왕국 출신이다. 1433년 신성로마 황제에 오르기 전인 1424년 헝가리와 보헤미아 왕이던 그는 샤를마뉴 대제가 쓰던 것이라고 알려진 금관을 고향 뉘른베르크로 가져다 놓았다. 뒤레르는 이것을 보고 금관을 가져온 지기스문트 황제는 물론 샤를마뉴의 초상화를 그린 거다. 이 금관이 지금도 존재할까? 있다. 어디에? 오스트리아 수도 비엔나.

합스부르크 왕가의 영광, 오스트리아 비엔나

비엔나. 요한 슈트라우스의 왈츠부터 생각난다. 오스트리아 항공을 타고 듣는 음악은 오직 한 종류다. 왈츠. 비록 지금은 알프스 산맥에 위치한 그림처럼 아름다운 나라로만 여겨지지만, 오스트리아는 한때 유럽의 강대국이었다. 오스트리아 합스부르크 왕가(1273년~1918년)는 유럽 최고 명문 왕가였고, 1452년 프리드리히 3세부터는 신성로마황제를 세습해 왔다. 1814년 워털루 전투에서 나폴레옹을 패퇴시킨 유럽 국가들이 전후 처리를 논할 때도 오스트리아 재상 메테르니히가 비엔나에서 회의를 주도한 점은 오스트리아의 위세를 잘 말해준다. 독일어권 국가 맹주자리를 놓고 다투던 베를린 중심의 프로이센이 강력해져 1871년 독일제국을 수립하는 과정에서는 빠진다. 여기다 독일과 연합해 치른 1차 세계 대전에 패하면서 독일제국의 호엔쫄레른 왕가와 함께 합스부르크 왕가는 해체되고, 오스트리아는 열강의 지

호프부르크 궁전. 오스트리아 합스부르크 왕가 궁전. ⓒ김문환

위에서 밀려난다. 심지어 히틀러 집권 시기 독일에 통합돼 오스트리아의 정체성도 사라진다. 하지만, 공화국으로 거듭나 지금은 유럽 어느 나라보다 민주주의를 발달시키며 부유한 복지국가로 이웃 나라의 부러움을 산다.

독일의 도시들과 달리 2차 대전 중 미국의 폭격에서 벗어났던 비엔나는 베를린과 달리 웅장하고 고풍스런 건물들이 많이 남았다. 프랑스 파리 못지않다. 과거 합스부르크 왕가의 궁전들이 그대로 남아 영광스러웠던 오스트리아의 과거를 들려준다. 합스부르크 왕가 여름궁정이던 쉔부른 궁전은 물론 호프부르크 궁전은 탐방객의 시선을 쏙 빼앗을 만큼 웅장하고 아름답다. 쾌적한 환경과 청결한 도시 분위기에 웅장한 고건축물까지…. 매력 만점 비엔나 호프부르크 궁전 건물에 오스트리아의 주요 박물관들이 몰려 있다. 과거 프랑스 왕조의 루브르 궁전이 지금은 박물관이 된 것과 같다. 호프부르크 궁전의 여러 박물관 가운데 비엔나 제국보물관(Imperial Treasury Vienna)으로 가보자. 속된 말로 시선을 강탈하는 아름다운 보석금관 한 점이 모두의 탄성을 자아낸다. 뉘른베르크에 있던 샤를마뉴 금관이다. 어떻게 비엔나로 왔을까? 1796년 나폴레옹의 침략당시 프랑스로 빼앗길 것을 우려해 합스부르크 왕가가 뉘른베르크에서 비엔나로 옮겨온 거다.

서유럽 역사에서 샤를마뉴가 갖는 의미

샤를마뉴. 그는 어떻게 독일이나 오스트리아, 프랑스에서 이상적인 군주이자 위대한 군주로 기억되는 걸까? 샤를마뉴의 할아버지 샤를 마르텔은 프랑크 왕국 첫 번째 왕조인 메로빙거 왕조 아래서 실권을 장악한 재상이었다. 이 때 도전이자 기회가 찾아온다. 622년 아라비아반도에서 시작된 이슬

독일왕관. 10세기. 오랫동안 샤를마뉴 금관으로 오인된 금관. 비엔나 제국보물관. ©김문환

람교가 요원의 불길처럼 번지며 북아프리카를 휩쓸고 지브롤터 해협을 건너 이베리아반도까지 삼켰다. 이슬람군은 732년 피레네 산맥을 넘어 프랑크 왕국으로 처들어온다. 프랑크 왕국의 운명은 물론 유럽 기독교 사회의 운명을 건 프랑스 남부 푸아티에 전투에서 샤를 마르텔이 이슬람군을 물리친다.

이후 이슬람군은 서유럽 진출을 단념하고 피레네 산맥 남쪽 이베리아반도, 오늘날 스페인과 포르투갈에 머무는 한편 기수를 바다로 돌려 시칠리아를 정복한다. 샤를 마르텔에 이어 재상 권한을 넘겨받은 아들 피핀은 751년 형식뿐인 메로빙거 왕조의 왕 힐데리히 3세를 퇴위시키고, 스스로 왕이 돼 카롤링거 왕조를 연다. 피핀이 죽으면서 나라를 물려받은 큰 아들 샤를마뉴는 프랑크 왕국의 영역을 북으로 확장시켜 게르만민족의 제 부족을 대부분 왕국에 포함시킨다. 아울러, 헝가리 땅에서 8년 전쟁 끝에 아바르족을 물리 치며 게르만족의 영역을 더욱 넓힌다. 아바르족은 과거 훈족의 후예로 흑해 북부를 중심으로 위세를 떨치던 중이었다. 고구려처럼 말도 갑옷으로 보호 하는 개마무사 전투부대를 운영했지만, 샤를마뉴의 벽을 넘지는 못했다.

샤를마뉴는 문화와 거리가 먼 게르만족 특징답게 문맹이었다. 마치 중국 을 정복한 여진족 누르하치나 그 아들들이 문맹이었던 것과 같다. 조선을 침략한 병자호란의 태종만이 글을 깨우쳤다. 글도 쓸 줄 모르던 샤를마뉴가 남긴 가장 큰 공로는 교황과의 관계증진이었다. 알프스를 넘어 이탈리아로 원정을 갈 때면 샤를마뉴는 로마의 교황을 꼭 찾았는데, 당시 교황은 서유 럽 기독교 사회를 사실상 통제하던 동로마 황제와 갈등관계에 있었다. 이유 는 성상 파괴령.

726년 동로마 제국 황제 레오 3세는 우상숭배를 금지하며 예수님, 성모 마리아, 성인들 조각이나 성화를 없애라는 명을 내렸다. 서유럽 기독교도들 이 대부분 문맹인 상태에서 조각이나 그림마저 없다면 기독교 신앙 자체가 위태로워질 것을 염려한 교황은 이를 거부했다. 이렇게 동로마 황제와 갈 등을 빚던 교황은 서유럽에서 강력한 세를 구축한 프랑크 왕국 샤를마뉴를 800년 로마황제로 인정하며 대관식을 치러준다. 교회가 동로마제국의 그늘 에서 벗어나 프랑크왕국과 연대한 것은 물론 야만의 상징이던 게르만족이 문명의 상징 로마제국을 계승했다는 상징적인 의미가 컸다. 이후 프랑크 왕 국은 서유럽의 패권자 자리를 확고히 다진다.

비엔나 보물관 샤를마뉴 금관은 진품?

800년 교황이 샤를마뉴에게 씌워줬다는 금관이 합스부르크 왕가가 비엔나로 옮겨온 비엔나 제국 보물관의 금관이다. 진짜 샤를마뉴의 금관일까? 1000년 가까이 샤를마뉴의 금관으로 알려진 이 금관은 조사결과 사실이 아닌 것으로 밝혀졌다. 10세기 경 동부독일 어디선가 만들어진 금관이며 당시 소왕국들의 왕이 이런 금관을 만들었다는 게 비엔나 제국보물관 측의 설명이다. 샤를마뉴의 금관이 아니어서 실망스럽지만, 분명한 것은 프랑크 왕국 카롤링거 왕조는 물론 여러 소왕국들이 금관을 왕관으로 활용했다는 점이다.

스페인 마드리드로 가보자. 마드리드 고고학 박물관에 전시중인 작은 주화 한 점이 중세 서양 왕국 왕들의 금관 모습을 잘 간직한 채 탐방객을 맞는다. 피레네 산맥 남부와 바르셀로나를 연합해 이룬 아라곤 연합왕국(1164년 ~1479년)의 알폰소 3세(재위 1285~1291)가 금관을 쓰고 있는 은화다. 중세 널리 유행하던 왕관의 하나라는 일명 샤를마뉴 금관처럼 화려한 디자인은 아

아라곤 연합왕국 알폰소 3세의 금관 쓴
주화. 1281년~1295년.
마드리드 고고학 박물관. ⓒ김문환

테오데베르테 1세가 금관을 쓴 반지.
프랑크 왕국 메로빙거 왕조. 534년~548년.
대영박물관. ⓒ김문환

니지만, 아래로 드림장식까지 갖춘 품격 있는 왕관의 위용을 잘 보여준다. 그렇다면 이제 프랑크 왕국 카롤링거 왕조에 앞선 메로빙거 왕조에서도 왕관을 썼는지 시대를 거슬러 올라가 보자. 무대를 런던 대영박물관 중세 전시실로 옮긴다.

프랑크 왕국 메로빙거 왕조와 게르만족 왕 금관 주화

작은 금반지 하나가 눈길을 끈다. 반지 전면에 인물이 새겨졌다. 507년 클로비스가 세운 프랑크 왕국 메로빙거 왕조의 아우스트리아 왕 테오데베르트 1세(프랑스어 티베르, 재위 533년~547년)다. 머리를 보자. 금관을 쓰고 있다. 메로빙거 왕조 왕과 지방 소왕국 왕들도 머리에 금관을 써 왕권을 과시했음을 보여준다. 대영박물관은 반지제작뿐 아니라 금관을 쓴 왕의 얼굴 조각이 476년 멸망한 서로마제국과 달리 1453년까지 1000년을 더 이어간 동로마제국의 영향이라고 설명한다.

금관을 쓴 롬바르드 족 왕 주화.
758년~787년. 이탈리아 베네벤토 출토.
마드리드 고고학박물관. ⓒ김문환

금관을 쓴 동고트족 왕 주화. 474년~526년.
마드리드 고고학박물관. ⓒ김문환

서로마제국 말기 몽골초원에서 옮겨간 훈족에 쫓겨 동유럽에서 서유럽으로 이주해온 게르만족에는 프랑크족만 있는 게 아니다. 이탈리아에 동고트족과 롬바르드족, 북아프리카로 반달족이 가는 사이 이베리아 반도는 고트족 특히 서고트족이 차지한다. 이들 게르만족 왕국의 왕들도 금관을 썼을까? 스페인

앵글로 색슨 왕이자 잉글랜드 최초의 왕 에셀스탠의 금관을 쓴 주화. 924년~939년. 대영박물관. ⓒ김문환

마드리드 고고학 박물관이 답을 준다. 8세기 말 롬바르드족 왕의 금관을 담은 주화를 전시중이다. 이탈리아 베네벤토에서 출토한 주화다. 서로마 제국이 멸망한 직후 474년~526년 사이 만들어진 동고트족 금관을 담은 주화도 볼 수 있다. 영국으로 간 게르만의 일파 앵글로 색슨족의 여러 왕국 가운데 위섹스 왕국의 왕이자 통합 잉글랜드의 첫 왕으로 바이킹을 물리친 에셀스탠 왕(재위 927년~939년) 동전에도 금관을 쓴 모습이 나온다. 이는 대영박물관에서 확인 가능하다. 게르만족 왕들 모두가 금관을 사용했음을 보여준다. 당시 실물 금관을 볼 수는 없을까?

서고트족 왕국의 화려한 사파이어 금관

스페인 마드리드 고고학 박물관이 시원하게 답을 준다. 흑해 동부 연안 우크라이나와 루마니아 등지에 살던 서고트족은 훈족의 침략을 받고 376년 로마제국 영내로 이동한다. 게르만족의 대이동을 촉발하는 계기였다. 황

금문화 특히 보석을 금에 넣는 상감처리 공예기법을 발달시켰던 서고트족은 서로마제국의 허락을 얻어 프랑스 서남부 보르도 지역에 서고트 왕국을 415년 세운다. 이후 이베리아 반도로 남하해 거대왕국을 수립하지만, 507년 프랑크 왕국 클로비스에게 패해 피레네 산맥 남쪽 이베리아 반도만을 영토로 삼는다. 수도는 톨레도. 오늘날 마드리드 남부 지방을 라만차라고 부른다. 세르반테스의 소설 『돈키호테』에 나오는 라만차 지방이다. 로마시대부터 발달한 라만차의 톨레도는 서고트 왕국의 수도로 더욱 빛을 발한다. 654년 로마법전을 본 따 '서고트 법전'을 만드는 등 활기를 띠지만, 711년 이슬람의 침략으로 무너진다.

붕괴된 서고트 왕국의 화려한 황금유물이 마드리드 고고학 박물관에서 탐방객을 맞는다. 무엇보다 눈길을 끄는 유물은 금관이다. 눈이 휘둥그레진다. 번쩍이는 황금에 정교하게 장식한 사파이어의 쪽빛이 보는 이를 휘

서고트족 금관 5점. 621년~672년. 구아라자르 출토. 마드리드 고고학 박물관. ⓒ김문환

서고트족 레세스윈트 왕 금관 전경. 621년~672년. 구아라자르 출토.
마드리드 고고학 박물관. ⓒ김문환

서고트족 금관. 621년~672년. 구아라자르
출토. 마드리드 고고학 박물관. ⓒ김문환

서고트족 금관. 621년~672년. 구아라자르
출토. 마드리드 고고학 박물관. ⓒ김문환

감는다. 이렇게 큰 사파이어를 활용한 고대 유물을 다른 박물관에서 본 적
이 없다. 5점의 금관을 전시중인데, 1858년에서 1861년 사이 처음 발굴될
당시는 6점의 금관과 다양한 금유물이 있었다. 일부는 도난당하고 나머지
는 프랑스 파리의 중세 박물관에 전시중이다. 발굴 장소는 톨레도 남서쪽
근교의 소도시 구아다무르(Guadamur)의 작은 과수원이다, 과수원 이름을
따 '구아라자르 보물(Treasure of Guarrazar)'이라 불린다. 구아라자르 보물 5
점 금관 가운데 가장 눈에 띄는 사파이어 금관은 서고트 왕국 레세스윈트
(Recceswinth, 스페인어 레세스빈토, 재위 653년~672년)왕 금관이다. 이보다 150
년~200여년 앞선 시기 만들어진 6점의 신라금관과 비교해 볼만 하다.

교회, 예수님에게 헌정한 금관

여기서 기독교와 연관성을 짚고 넘어가자. 레세스윈트 왕의 금관을 비롯해 나머지 금관들은 왕이 실제 착용한 금관이 아니다. 그렇다면? 교회에 헌정한 금관이다. 게르만족의 모든 국가들은 로마제국에 이어 기독교로 전향해 독실한 기독교 신앙을 유지했다. 주화에서 보듯 왕도 금관을 활용했지만, 최고 품질로 만든 금관을 교회에도 바쳤다. 물론 예수님께 바치는 금관이었다. 예수님이 직접 쓰실 수 없으니 교회에 걸어 놓았다. 구아라자르 서고트족 금관은 그 전형적인 예다. 길게 줄을 달아 매달 수 있도록 제작됐다. 금관을 교회에 헌정하고 왕권의 상징으로도 활용하는 문화는 언제 시작됐을까? 기독교와 관련해 유추해 보면서 탐방을 이어가자. 이탈리아 수도 로마의 팔라쪼 마시모 박물관으로 가면 역대 로마 황제들의 주화를 전시중이다. 그 주화들을 세밀하게 들여다보자.

게르만족의 금관전통은 로마제국 계승한 것

오도아케르 주화가 눈길을 끈다. 학창시절 들어본 기억이 있을 오도아케르는 로마 황제가 아니다. 476년 서로마 제국을 멸망시킨 인물이다. 게르만족 소부족인 스키리족 출신인데 일설에는 훈족과 혼혈이라고도 한다. 서로마 제국의 게르만족 용병 대장이 된 뒤, 476년 서로마 마지막황제 로물루스 아우구스툴루스(재위 475년~476년)를 폐위시키고 실권을 장악한다. 뒤이어 이탈리아반도로 들어온 동고트족에게 493년 살해당한 오도아케르 주화를 보면 역시 금관을 쓴 모습이다. 서로마를 멸망시킨 게르만족 지도자도 금관을 사용했음을 보여준다. 팔라쪼 마시모 박물관은 오도아케르 주화 옆에 오

오도아케르가 금관을 쓴 주화.
476년~493년. 로마 팔라쪼 마시모 박물관.
ⓒ김문환

서로마 마지막 황제 로물루스 아우구스툴
루스가 금관을 쓴 주화. 475년~476년.
로마 팔라쪼 마시모 박물관. ⓒ김문환

도아케르가 폐위시킨 마지막 서로마 황제 로물루스 아우구스툴루스의 주화도 전시중이다. 역시 금관을 썼다. 오도아케르는 로마 황제의 금관을 배웠고, 뒤이은 게르만족 국가 왕들도 오도아케르의 예는 물론 멸망하지 않은 동로마 제국 황제처럼 금관을 쓴 거다.

서로마 최후 황제 로물루스 아우구스툴루스에 앞선 로마 황제들도 금관을 사용했을까? 동로마제국 테오도시우스 2세(재위 408년~450년)와 부친 아르카디우스 황제(재위 393년~408년)는 금관을 쓴 모습의 주화를 남긴다. 테오도시우스 황제(재위 379년~393년)가 393년 죽으면서 큰아들 아르카디우스에게 동로마제국을 상속했고, 작은 아들 호노리우스에게 서로마제국을 물려줬다. 서로마 제국 호노리우스 황제(재위 393년~423년) 주화 역시 황제가 금관을 쓴 모습이다. 아르카디우스가 상속받은 동로마제국을 후세에 비잔틴 제국이라고도 부른다. 이는 수도 콘스탄티노플의 옛 이름 비잔티움을 따온 거다. 하지만, 동로마인들은 단 한 번도 자신을 비잔틴 제국이라거나 동로마 제국이라고 부른 적이 없다. 1453년 멸망할 때까지 오직 하나의 이름 로마제국이었다. 자신을 로마제국의 정통이라 여긴 거다. 게르만족의 금관

테오도시우스 2세가 금관을 쓴 주화.
408년~450년. 비엔나 미술사박물관 박물관.
ⓒ김문환

아르카디우스 황제가 금관을 쓴 주화.
393년~408년. 로마 팔라쪼 마시모 박물관.
ⓒ김문환

호노리우스 황제가 금관을 쓴 주화.
393년~423년. 로마 팔라쪼 마시모 박물관.
ⓒ김문환

율리아누스 황제가 금관을 쓴 주화.
360년~362년. 로마 팔라쪼 마시모 박물관.
ⓒ김문환

문화를 비잔틴의 영향이라고 말한다. 이는 콘스탄티노플이 고대 그리스 영
역이고, 그리스 시대부터 내려온 빼어난 황금예술의 영향을 받았다는 의미
로 해석하면 쉽다. 팔라쪼 마시모 박물관에는 테오도시우스 황제에 앞서
360년부터 362년까지 황제를 지낸 율리아누스 황제의 금관 쓴 주화도 탐방
객을 맞는다. 율리아누스가 누구인가? 콘스탄티누스 대제의 배다른 형제

아들이니까, 조카인 셈이다.

콘스탄티누스 대제의 금관 쓴 주화

콘스탄티노플 의인화 조각.
콘스탄티누스 황제 이름을 따 만든 도시
콘스탄티노플을 상징하는 여신에게
왕관에 해당하는 관을 씌운 모습. 6세기.
비엔나 미술사 박물관. ©김문환

이제 콘스탄티누스 대제(재위 306
년~337년)로 올라간다. 콘스탄티누
스 대제는 유럽인들에게 가장 깊이
각인된 로마 황제다. 기독교를 공인
했기 때문이다. 긍정적이든 부정적
이든 현대문명은 기독교를 떼놓고
생각할 수 없기에 콘스탄티누스의
위상은 더욱 커진다. 로마의 팔라쪼
마시모 박물관이나 비엔나 미술사
박물관에서 보는 콘스탄티누스 황

콘스탄티누스 대제가 금관을 쓴 주화.
327년. 비엔나 미술사박물관. ©김문환

콘스탄티누스 대제가 금관을 쓴 주화.
로마 팔라쪼 마시모 박물관. ©김문환

제 주화는 보석이 장식된 띠 형태의 금관을 쓴 모습이다. 콘스탄티누스와 자웅을 겨뤘던 막센티우스 주화도 마찬가지다. 그렇다면 콘스탄티누스에 앞선 디오클레티아누스 황제도 보석으로 장식한 금관을 썼을까?

월계관에서 보석금관으로 바꿔 왕관으로

디오클레티아누스 황제(재위 283년~305년) 주화는 다른 모습을 전한다. 앞서 살펴본 대로 월계관을 썼다. 디오클레티아누스 황제에 앞선 셉티무스 세베루스 황제(재위 193년~211년) 주화나 로마의 2대 황제이던 티베리우스 황제(재위 14년~37년)의 카메오 조각을 보면 역시 월계관을 쓴 모습이다. 기원전 45년 공화정을 뒤엎고 종신 독재정을 연 카이사르부터 실질적인 첫 황제가 된 옥타비아누스(재위 기원전 27년~A.D 14년) 이후 로마의 황제들은 월계관을 명예의 상징으로 활용했다. 황제의 권위를 상징하는 것은 아니었다. 그리스 태양신 아폴론의 상징, 월계관을 명예로만 쓴 거다. 기원전 45년 이전 로마는 공화정이어서 황제나 왕이 없었으므로 당연히 왕관이란 것은 존재할 수 없었다. 금관을 만드는 문화도 없었다. 권위의 상징은 월계관이 전부였다. 기원전 509년 로마가 공화정으로 전환하기 이전 기원전753년부터 200년 넘게 왕정이 있었지만, 이때도 금관은 없었다.

요약하면, 카이사르 이후 명예의 상징으로 월계관을 쓰던 로마황제의 전통이 콘스탄티누스 황제 때 보석을 장식한 왕권 상징의 금관으로 바뀐다. 동시에 보석금관을 교회와 예수님께 헌정하는 문화도 생겨났다. 이후 로마를 배운 중세 게르만족 국가들의 왕이나 황제는 물론 교황이나 주교들도 보석금관 전통을 이었다. 월계관은 그리스 태양신 아폴론을 상징한다. 기독교

셉티무스 세베루스 황제가 월계관을 쓴 주화. 193년~211년. 비엔나 미술사박물관. ⓒ김문환

티베리우스 황제가 월계관을 쓴 주화. 14년~37년. 비엔나 미술사박물관. ⓒ김문환

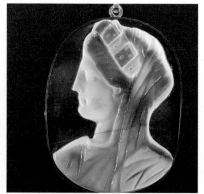

콘스탄티누스 대제 모친 헬레나가 금관을 쓴 주화. 비엔나 미술사박물관. ⓒ김문환

로마 여인이 금관을 쓴 주화. 4세기. 비엔나 미술사박물관. ⓒ김문환

입장에서는 이교도 문화의 산물이다. 당연히 콘스탄티누스 대제이후 사용할 수 없었다. 로마의 여성들도 최고 권위를 상징할 때 월계관 대신 보석금관을 쓴 것은 콘스탄티누스 대제의 어머니 헬레나 주화나 4세기 로마 여인을 묘사한 카메오에서 확인할 수 있다. 금관을 왕관으로도 활용했을 가능성이 있는 신라금관 제작 시기는 콘스탄티누스 대제 이후인 5세기다.

천마총 로마유리. 경주에서 25점 출토. 4~5세기. 국립경주박물관. ⓒ김문환

황남대총 로마유리. 4~5세기. 국립중앙박물관. ⓒ김문환

로마유리. 폼페이 출토. 1세기. 국립나폴리박물관. ⓒ김문환

로마유리. 인덕천황릉. 일본 사카이 박물관 ⓒ김문환

신라에도 로마 금관문화가 유입됐을까? 신라 금관은 기마민족의 영향이 크다. 하지만, 금관이 출토되는 신라 무덤에서는 로마 유물도 나온다. 유독 신라 금관출토 무덤에서 많이 나오는 25점의 신라시대 로마유리가 그렇다. 그렇다면 왕관화된 로마의 금관문화가 신라금관에도 직간접의 영향을 미쳤을 가능성을 완전히 배제하기는 어렵다.

선비족 북위, 중앙아시아 지배하며 로마문화 유입

로마문화는 생각보다 무척 가깝게 동북아 역사에 그 얼굴을 내민다. 신라와 가야, 일본의 고분에서 나오는 로마 유리만이 아니다. 만주에서 서역까지 지배했던 선비족의 북위(386년-534년)로 가면 접촉면이 더 넓어진다. 북위의 3대 군주로 '칸' 호칭을 제일 먼저 사용한 태무제(재위 423년~452년) 때 서역을 제패하며 오늘날 우즈베키스탄, 타지키스탄 등지의 소국들로부터 조공을 받는다. 사마르칸드도 그중 하나다. 이때 로마 문화가 유입된다. 마립간, 사슴뿔 장식 금관을 비롯해 선비족 영향을 받은 유물이 신라와 가야에 다수 반영되는 시기와 겹친다. 북위 수도 대동에는 많은 서역인들로 붐볐고, 북위 영역 곳곳의 고분에서 로마 유물이 출토된다.

그중 가장 최근인 2010년 이후 도굴에 이은 발굴 끝에 2014년 결과를 발표한 내몽골 북부 석림곽륵맹(錫林郭勒盟) 서오주목심기(西烏珠穆沁旗) 이화뇨얼(伊和淖尔) 북위 무덤에 주목해 보자. 이화뇨얼 3호묘에서 출토된 로마인 등장 은접시와 1호묘에서 나온 로마유리가 관심대상이다. 중앙아시아를 통한 로마문물의 북위 유입, 여기서 신라와 가야, 일본으로 전파라는 루트가 그려진다. 이 주제에 대한 더 다양한 유물과 유적 소개는 다음 저술로 미

로마 은접시. 내몽골 이화뇨얼 북위 3호묘 출토 사진. 5세기.
호화호특 내몽골박물원. ⓒ김문환

로마 유리. 내몽골 이화뇨얼 북위 1호묘 출토 사진. 5세기.
호화호특 내몽골박물원. ⓒ김문환

룬다. 이 책에서는 내몽골 자치구 주도인 호화호특 내몽골 박물원에 전시중인 사진을 통해 로마문명의 한반도 전파에 대한 영감을 얻는 것으로 마무리 짓는다.

탐방후기 – 부모님을 보내드리며 얻은 『금관의 역사』

북풍한설 세차던 지난 1월 어느 날 어머니가 고단한 육신의 삶을 접고, 영혼의 자유를 얻으셨다. 그토록 갈망하던 방송기자 시험에 떨어졌을 때도, 인생을 걸었던 도전에 실패했을 때도 무덤덤하게 넘겼다. 어머니가 먼 길을 떠나셨을 땐 달랐다. 회한(悔恨). 돌이켜 한없이 후회하고 한탄한다는 말뜻을 처음 깨달았다. 금관 탐방을 조금만 미뤘더라면…. 일정을 조금만 단축했더라면…. 2018년 6월 흑해를 시계방향으로 돌며 금관의 흔적을 좇는 탐방에 나섰다. 어머니 치매 증상이 조금씩 심해지며 거동도 점점 더 불편해지시던 참이었다. 간병인이 퇴근하는 시점에는 못난 아들의 손길이 절실했다. 차마 발길이 떨어지지 않았지만, 어머니가 더 나빠지시기 전에 다녀오는 게 좋겠다는 어리석은 생각으로 2주간의 여정에 올랐다. 아내로부터 오는 메시지를 통해 하루하루 나빠지는 어머니 증세가 애간장을 태웠다. 그때 돌아와 한시라도 일찍 어머니를 병원으로 모셨으면 뇌출혈이란 놈이 어머니를 그렇게 허망하게 모셔가도록 두지는 않았을 텐데…. 일정 다 채우는 미련을 떨고 귀국한 날 어머니를 병원으로 모셨다. 어머니는 강인한 정신력으로 7개월을 속세에 더 머무시다 1월 떠나셨다. 편하게 보내셨어야 할 말년 10여년을 제 분수 모르는 아들의 아집 때문에 고생만 하다 가신 어머니에 대한 회한은 지금 이 순간에도 불효의 가슴에 비수처럼 차갑다.

올 여름 지중해를 돌며 금관 취재를 마무리 짓고 귀국한 8월 이번에는 아버지가 쓰러지셨다. 귀국한지 엿새만이었다. 아찔했다. 어머니가 떠나신 뒤로 급격히 쇠약해지시던 터였지만, 특별한 지병이 없으서 큰 걱정 없이 탐방 취재를 다녀온 뒤였다. 어머니를 모셨던 그 병원 응급실로 급히 모셨다. 그리고 25일 만에 아버지는 어머니의 뒤를 따르셨다.

2000년 SBS 기자시절 LG상남 언론재단 지원으로 1년간 프랑스 파리 2대학에 연수하는 동안 오리엔트 역사 유적을 취재하며 발들인 문명사 탐방 글쓰기. 그동안 여러 권의 책을 냈다. 현장 탐방의 결과물들이니 어느 하나 손쉬운 것은 없었다. 중국 각지에서 만주, 몽골초원, 중앙아시아를 거쳐 유럽과 북아프리카, 중동 각지의 유적과 박물관을 허리띠 졸라매고, 신발 끈 동여매며 뛰어다닌 결과물이다. 하지만, 이번 『금관의 역사』는 유난히 곡절이 많다. 어머니와 아버지의 운명을 담보로 한 탐방이 됐으니 말이다. 그래도 자식 위한 희생 하나로 평생을 살아오신 어머니와 6.25 참전용사 아버지의 숭고한 넋이 『금관의 역사』로 부활한다고 마음 고쳐먹으련다.

인생은 아픔만 있는 것은 아닌가 보다. 싸늘하게 식은 어머니 이마에 입맞추며 "다시 태어나도 어머니 아들이 되겠다"며 보내드린 뒤, 듬직한 아들을 새 식구로 얻었다. 삶은 그렇게 가고 오는가 보다. 문명도 그렇게 오고 간다. 그 흔적의 의미를 더듬으며 과거를 거울 삼아 미래를 비춰보는 문명탐방 오디세이. 이제 다음 여정을 짤 시간이다. 80년대 초반 고등학생의 정서를 잘 담은 노래 이현석의 『학창시절(1994년)』이란 노래를 자주 듣는다. 푹 빠져 듣는 신들린 듯한 그의 기타연주 비결은 무엇일까? 김창완이 진행하던 MBC '음악여행 라라라' 2010년 7월 8일 프로에서 이현석은 이렇게 밝힌다. "송골매의 세상만사(1981년)를 치며 죽어라 연습했다" 그 노력이 누군가에게 디딤돌이 돼 더 큰 열매로 이어질 수 있다면, 사람으로 태어나 어느한 분야에 열심히 도전하는 것. 아름답지 않을까…. 마냥 어린애 같던 큰애의 건강한 출산을 기원하며 할머니가 될 아내에게도 축하와 함께 고마운 마음을 전해야겠다. 부모님 영전에 이 책을 바친다

2019년 한가위에

탐방 취재 박물관명단(23개국 80개 박물관)

1. 한국

1. 국립중앙박물관
주소 : 서울특별시 용산구 서빙고동 서빙고로 137
홈페이지 : museum.go.kr

2. 서울 한성백제박물관
주소 : 서울특별시 송파구 오륜동 위례성대로 7
홈페이지 : baekjemuseum.seoul.go.kr

3. 국립경주박물관
주소 : 경상북도 경주시 월성동 일정로 186
홈페이지 : gyeongju.museum.go.kr

4. 경주 천마총 전시관
주소 : 경상북도 경주시 황남동 계림로 14

5. 국립김해박물관
주소 : 경상남도 김해시 북부동 가야의길 190
홈페이지 : http://gimhae.museum.go.kr/

6. 김해 대성동고분박물관
주소 : 경상남도 김해시 북부동 가야의길 126
홈페이지 : ds.gimhae.go.kr

7. 국립공주박물관
주소 : 충청남도 공주시 웅진동 관광단지길 34
홈페이지 : https://gongju.museum.go.kr

8. 공주 송산리고분군 모형전시관
주소 : 충청남도 공주시 웅진동 57

9. 국립나주박물관
주소 : 전라남도 나주시 반남면 고분로 747
홈페이지 : http://www.museum.go.kr/naju/

10. 나주 복암리 고분 전시관
주소 : 전라남도 나주시 다시면 백호로 287
홈페이지 : www.njbogam.or.kr

11. 부산 복천박물관
주소 : 부산광역시 동래구 복천로 63
홈페이지 : http://museum.busan.go.kr/bokcheon

12. 국립대구박물관
주소 : 대구광역시 수성구 황금동 청호로 321
홈페이지 : http://daegu.museum.go.kr/

13. 국립청주박물관
주소 : 충청북도 청주시 상당구 명암로 143
홈페이지 : https://cheongju.museum.go.kr/

14. 국립춘천박물관
주소 : 강원도 춘천시 석사동 우석로 70
홈페이지 : https://chuncheon.museum.go.kr/

15. 국립전주박물관
주소 : 전라북도 전주시 완산구 효자동2가 900
홈페이지 : https://jeonju.museum.go.kr/

16. 고령 대가야박물관
주소 : 경상북도 고령군 고령읍 대가야로 1203
홈페이지 : http://www.daegaya.net/

17. 합천박물관
주소 : 경상남도 합천군 쌍책면 성산리 504
홈페이지 : http://mus.hc.go.kr/

18. 전남대학교 박물관
주소 : 광주광역시 북구 용봉동 용봉로 77

19. 강원대학교 중앙박물관
주소 : 강원도 춘천시 강원대학길1
홈페이지 : http://museum.kangwon.ac.kr/

20. 삼성미술관 리움
주소 : 서울특별시 용산구 한남동 이태원로55길 60-16
홈페이지 : http://leeum.samsungfoundation.org/

2. 일본

21. 도쿄 국립박물관
주소 : 13-9 Uenokoen, Taito City, Tokyo, 일본
홈페이지 : http://www.tnm.jp/

22. 카시하라 고고학자료관
주소 : 50-2 Unebicho, Kashihara, Nara, 일본
홈페이지 : http://www.kashikoken.jp/museum/top.html

23. 나라 반구문화재센터
주소 : 2 Chome-9-1 Nijocho, Nara, 일본
홈페이지 : https://www.nabunken.go.jp/

24. 사카이시 박물관
주소 : Osaka, Sakai, Sakai Ward, Mozusekiuncho, 2 Chome, 大仙公園内, 일본
홈페이지 : http://www.city.sakai.lg.jp/kanko/hakubutsukan/

3. 중국

25. 북경 중국국가박물관
주소 : 16 E Chang'an Ave, Dongcheng, 중국
홈페이지 : http://www.chnmuseum.cn/

26. 북경 명13릉 장릉전시관
주소 : 212 Provincial Rd, Changping, 중국
홈페이지 : http://www.mingtombs.com/

27. 호화호특 내몽골 박물원
주소 : 27 Xinhua E St, Xincheng, Hohhot, Inner Mongolia, 중국
홈페이지 : http://www.nmgbwy.com/

28. 길림성 집안 우산 귀족묘지경구 고구려고분벽화 전시실

29. 길림성 집안박물관
주소 : 3188 Renmin St, Nanguan, Changchun, Jilin, 중국
홈페이지 : http://www.jlmuseum.org/

30. 서안 섬서성박물관
주소 : 91 Xiaozhai E Rd, Xiao Zhai Shang Ye Jie, Yanta, Xi'an, Shaanxi, 중국
홈페이지 : http://www.sxhm.com/

31. 서안 무릉박물관
주소 : 茂陵, Xingping, Xianyang, Shaanxi, 중국
홈페이지 : http://www.maoling.com/

32. 난주 감숙성 박물관
주소 : 3 Xijin E Rd, Qilihe, Lanzhou, Gansu, 중국
홈페이지 : http://www.gansumuseum.com/

33. 신강 우루무치 박물관
주소 : 581 Xibei Rd, Shayibak, Urumqi, Xinjiang, 중국
홈페이지 : http://www.xinjiangtour.gov.cn

4. 몽골

34. 울란바토르 몽골 국립 박물관
주소 : Juulchin Street -1, Ulaanbaatar, 몽골
홈페이지 : http://www.nationalmuseum.mn/

5. 카자흐스탄

35. 알마티 박물관
주소 : 44, Samal-1, Almaty, 카자흐스탄
홈페이지 : csmrk.kz

36. 아스타나 카자흐스탄 국립박물관
주소 : Tauelsyzdyk Avenue, 54, Astana

37. 이식쿠르간 박물관
주소 : Dachi, 카자흐스탄

6. 우즈베키스탄

38. 사마르칸드 아프라시압박물관
주소 : Toshkent yo'li, Samarqand, 우즈베키스탄

39. 테르미즈 박물관
주소 : г.Ташкент, Мирабадский р-н, ул. Тараса Шевченко 24
홈페이지 : http://museums.uz/

7. 우크라이나

40. 키에프 라브라 보물관
주소 : Lavrska St, 15, Kyiv, 우크라이나
홈페이지 : https://www.lavra.ua/

41. 키에프 고고학 박물관
주소 : 12, Vulytsya Heroyiv Trypillya, Trypillya 08722, 우크라이나
홈페이지 : http://koam.com.ua/

8. 루마니아

42. 부쿠레슈티 국립 루마니아 역사박물관
주소 : Calea Victoriei 12, Bucuresti 030026 루마니아
홈페이지 : mnir.ro

43. 콘스탄타 박물관
주소 : Ovid Aquare 12, Constanta 900002, 루마니아
홈페이지 : http://www.minac.ro/

9. 불가리아

44. 소피아 국립역사박물관
주소 : ul.Vitoshko lale 16, Sofia 1618, 불가리아
홈페이지 : http://www.historymuseum.org/

45. 카잔룩 박물관
주소 : P. R. Slaveykov 8, Kazanlak 6100, 불가리아
홈페이지 : http://muzei-kazanlak.org/

46. 카잔룩 골야마코스트카
주소 : E 85, Golyama Kosmatka Mound, Kazanlak 6150, 불가리아

47. 바르나 고고학 박물관
주소 : Bul. Maria Louisa 41, Varna 9000, 불가리아
홈페이지 : http://www.archaeo.museumvarna.com/

10. 헝가리

48. 부다페스트 헝가리 국립박물관
주소 : Muzeum Korut 14-16, Budapest 1088, 헝가리
홈페이지 : https://mnm.hu/

11. 러시아

49. 모스크바 역사 박물관
주소 : Red Square, 1, Moscow 125009, 러시아
홈페이지 : http://www.shm.ru/

50. 상트페테르부르크 에르미타주 박물관
주소 : Palace Square, 2, St. Petersburg 191055, 러시아
홈페이지 : http://www.hermitagemuseum.org/

12. 그리스

51. 아이가이 왕실 묘지 박물관
주소 : Imathia, Vergina 590 31, 그리스
홈페이지 : http://aigai.gr

52. 아테네 고고학 박물관
주소 : Patision 44, Athens 106 82, 그리스
홈페이지 : http://www.namuseum.gr/

53. 펠라 박물관
주소 : Archaeological Museum of, Pella 580 05, 그리스
홈페이지 : http://www.pella-museum.gr/

54. 테살로니키 고고학 박물관
주소 : Manoli Andronikou 6, 54013, Thessaloniki 54013, 그리스
홈페이지 : http://www.amth.gr/

55. 델포이 박물관
주소 : Ethniki Odos Amfissas - Livadias, Delphi 330 54, 그리스
홈페이지 : http://odysseus.culture.gr

13. 터키

56. 안타키아 하타이 고고학박물관
주소 : Gündüz Caddesi No. 1, Antakya 31000, Turkey
홈페이지 : http://www.hatayarkeolojimuzesi.gov.tr

57. 가지안테프 제우그마 모자이크 박물관
주소 : Mithatpaşa, Hacı Sani Konukoğlu Blv., 27500 Şehitkamil/
Gaziantep, 터키
홈페이지 : http://www.zeugma.org.tr/

58. 앙카라 아나톨리아 문명박물관
주소 : Kale, Gözcü Sk. No:2, 06240 Ulus/Altındağ/Ankara, 터키
홈페이지 : http://www.anadolumedeniyetlerimuzesi.gov.tr/

59. 이스탄불 오리엔트고고학박물관
주소 : Alemdar Cad. Osman Hamdi Bey Yokuşu Sk, Gülhane, Istanbul, 터키
홈페이지 : http://www.istanbularkeoloji.gov.tr/

60. 아프로디시아스 박물관
주소 : Geyre, 09385 Karacasu/Aydın, 터키
홈페이지 : http://www.aphrodisias.org/

14. 오스트리아

61. 비엔나 자연사 박물관
주소 : Burgring 7 | Maria Theresien Platz, Vienna 1010, 오스트리아
홈페이지 : https://www.nhm-wien.ac.at/

62. 비엔나 미술사 박물관
주소 : Maria-Theresien-Platz, Vienna 1010, 오스트리아
홈페이지 : https://www.khm.at/

63. 비엔나 제국보물관
주소 : Hofburg 1 | Schweizerhof, Vienna 1010, 오스트리아
홈페이지 : http://www.kaiserliche-schatzkammer.at/

15. 프랑스

64. 루브르박물관
주소 : Rue de Rivoli, 75001 Paris, 프랑스
홈페이지 : https://www.louvre.fr/

65. 파리 기메 박물관
주소 : 6 Place d'Iéna, 75116 Paris, 프랑스
홈페이지 : guimet.fr

16. 독일

66. 베를린 노이에스 박물관
주소 : Genthiner Str. 38, 10785 Berlin, 독일
홈페이지 : neues-museum.de

67. 베를린 독일 역사박물관
주소 : Unter den Linden 2, 10117 Berlin, 독일
홈페이지 : https://www.dhm.de/

17. 이탈리아

68. 로마 팔라쪼 마시모 박물관
주소 : Largo di Villa Peretti, 2, 00185 Roma RM, 이탈리아
홈페이지 : http://www.museonazionaleromano.beniculturali.it/

69. 나폴리국립박물관
주소 : Piazza Museo, 19, 80135 Napoli NA, 이탈리아
홈페이지 : http://cir.campania.beniculturali.it/museoarcheologiconazionale/

18. 영국

70. 대영박물관
주소 : Great Russell St, Bloomsbury, London WC1B 3DG 영국
홈페이지 : britishmuseum.org

71. 영국 사이렌세스터 박물관
주소 : Park St, Cirencester GL7 2BX 영국
홈페이지 : http://www.coriniummuseum.org/

19. 레바논

72. 베이루트 국립박물관
주소 : Museum Street, Beirut, 레바논
홈페이지 : http://museebeyrouth-liban.org

20. 튀니지

73. 튀니지 엘젬 박물관
주소 : Route de Sfax, El-Jem 345, 튀니지
홈페이지 : http://www.patrimoinedetunisie.com.tn/

74. 튀니지 바르도 박물관
주소 : P7, Tunis, 튀니지
홈페이지 : http://www.bardomuseum.tn/

21. 이집트

75. 카이로 이집트 박물관
주소 : Midan El Tahrir | Geographical Society Building, Cairo 11511, 이집트
홈페이지 : http://www.antiquities.gov.eg/

76. 아스완 누비아 박물관
주소 : Assuan, Sheyakhah Oula, Qism Aswan, Aswan, 이집트

77. 룩소르 박물관
주소 : Kornish Al Nile, Luxor City, Luxor, Luxor Governorate, 이집트
홈페이지 : http://www.sis.gov.eg/section/7229/4540?lang=ar

22. 스페인

78. 마드리드 국립고고학박물관
주소 : Calle de Serrano, 13, 28001 Madrid, 스페인
홈페이지 : http://man.mcu.es/

79. 마드리드 프라도 박물관
주소 : Calle de Ruiz de Alarcon, 23, 28014 Madrid, 스페인
홈페이지 : https://www.museodelprado.es/

23. 포르투갈

80. 리스본 고고학 박물관
주소 : Lisboa, Portugal Praca Imperio, Lisbon 1400-206, 포르투갈
홈페이지 : http://www.museuarqueologia.pt/

저자 김문환

SBS기자로 재직하던 2000년 LG상남언론재단 지원으로 프랑스 파리2대학 언론대학원(IFP)에 유학하며 지중해와 에게해, 흑해 주변 역사유적과 유물을 취재하는 문명탐방 저술에 발을 들여 놓았다.
『유적으로 읽는 로마문명』(2003), 문광부 우수 교양 도서상을 받은 『비키니 입은 그리스로마』(2009), 『로맨스에 빠진 그리스로마』(2012), 『페니키아에서 핀 그리스로마』(2014), 『유물로 읽는 이집트 문명』(2016), 『유물로 읽는 동서양 생활문화』(2018)를 썼다. 고려대학교 정치외교학과와 언론대학원을 졸업하고 고려대학교 미디어학과 박사과정에 재학중이다.
1987년부터 1991년까지 매일경제 신문기자, 1991년부터 2007년까지 SBS 기자로 20년간 취재현장을 지켰다. 현재 세명대학교 저널리즘스쿨 대학원 겸임교수로 현장 취재 기사작성, 칼럼논술작성, TV뉴스 기사작성, 서양문명사를 지도한다. 방송 언론 분야 저술로는 『취재기사 작성법』(2019년), 『TV뉴스 기사작성법』(2018년)을 비롯해 문화관광부 우수 학술도서상을 받은 『프랑스 언론』(2001년), 2006년 영국 런던저널리즘스쿨(LSJ)에서 수학하며 공영방송 BBC를 중심으로 연구한 『영국언론』(2007년), 이에 앞서 한국 언론재단 지원으로 『TV 뉴스 이론과 제작』(1999), LG상남언론재단 지원으로 『TV 고발 뉴스 제작의 실제』(2000)를 출간했다.